英国乡村中常常有由于放牧绵羊而形成的道路，这些道路如今已被现代道路所取代

蓬松的羊毛

长着巨大角的盘羊

现代机械与传统剪羊毛工艺相结合

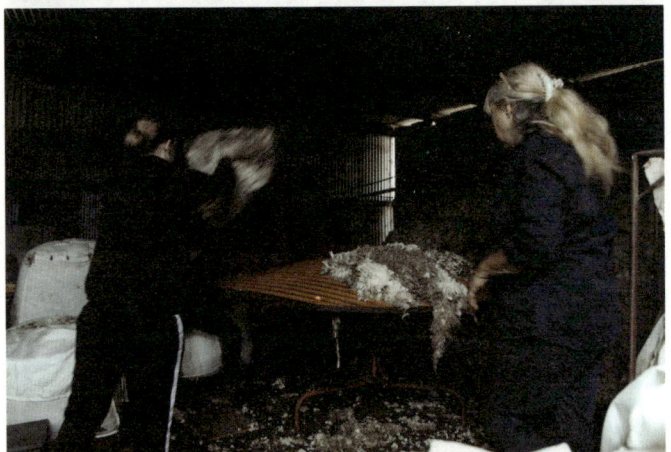

工人对羊毛的加工处理

独特的美味——山羊奶酪

母羊和小羊

"白羊中的黑羊"是英语俚语，在中文中的同义词是"害群之马"

牧羊人

牧羊女

传统牧羊人小屋遗迹

高山固定式牧羊人小屋

牧羊犬,由牧羊工作犬发展而来的犬类品种

羊脂所做的传统手工肥皂

毛线编织

因为羊毛产业发展而兴盛的英国小镇——奇平诺顿的一处特色建筑

中世纪很多教堂都属于羊毛教堂*

* 注：指建造资金主要来源于因羊毛贸易致富的商人和农民的教堂。

中世纪欧洲普遍用羊毛织成船帆。羊毛船帆既结实耐用，也可以防水

帆船上常见的扭绳样式，也被借鉴到传统毛衣编织的花纹样式中

英国工厂中被迫工作的童工

克隆羊是克隆技术发展的标志

你一定爱读的羊的世界简史

［英］莎莉·库尔撒德——著

吴奕俊——译

羊怎样塑造人类的文明和历史

天地出版社 | TIANDI PRESS

畅销书作家莎莉·库尔撒德（Sally Coulthard）的作品包括《刺猬手册》（*The Hedgehog Handbook*）、《热爱生命的本性》（*Biophilia*）、《蜜蜂圣经》（*The Bee Bible*）、《篝火指南》（*The Little Book of Building Fires*）、《雪之书》（*The Little Book of Snow*）和《花园设计学》（*Gardenalia*）。她和丈夫、三个女儿以及一群羊，共同住在英国约克郡的一处小农场里。

献给玛蒂、伊莎贝拉和艾玛

目录

1　如何让羊站着不动 ················ 001
与狐狸合葬的男人、用人类母乳喂养的羊羔和古代绵羊尿渍的秘密

2　羊毛鳞片的秘密 ················ 015
在时间中冻结了2400年的女人、罗马士兵的盔甲和蒙古包

3　为什么有些绵羊的毛要被剪掉 ······ 029
剪刀的发明、木乃伊的文身和逃跑的羊

4　坚韧如旧靴 ···················· 041
乳糖不耐受症、制造奶酪的独眼巨人和祭祀双头羊

5　押韵和荒谬的治疗 ·············· 057
流浪汉、黑羊和错误的星座

6　波比先生和波比太太 ············ 075
招募牧羊人、腹胀的羊和献祭一只公羊

7　狗和赶牲人 ···················· 095
牧羊犬的诞生、赶牲之路和黑羊银行

I

8

擦洗与纺纱 ················ 113

绵羊油、仙女和羊毛船帆

9

针织的胜利 ················ 131

世界上最古老的袜子、济贫院和如何借助羊毛赢得战争

10

"绵羊支付了一切" ·············· 157

白衣修士、"猫头鹰"的罪和羊毛教堂

11

羊吃人 ···················· 175

幽灵船、发霉奶酪和"滚出我的土地"

12

编织毛衣还是编织谎言 ············ 195

处决日的长袜、渔夫套头衫和让人困惑的英格兰格子

13

作坊和繁荣 ················ 211

羊毛内衬的棺材、白人奴隶制和"布拉德福德病"

14

向上,向上,然后离开 ············ 231

邪恶的科学、性和"飞翔的"绵羊

注　释 ···················· 245

1

如何让羊站着不动

How to Get a Sheep to Stand Still

与狐狸合葬的男人、
用人类母乳喂养的羊羔和古代绵羊尿渍的秘密

绵羊为我们做了什么？从表面上看，这只是一种在乡间发出白噪声的动物。当我们匆忙经营生活时，它们在慢慢地反刍。我们只有在复活节吃着甜美的绵羊肉时才会注意到绵羊，在一年当中的大部分时间里，它们毫无存在感。

然而，作为生活在这个星球上的动物之一，绵羊推进了人类历史的进程。从维京战士到文艺复兴时期的画家，从铁器时代的祭祀到"古英格兰"的连绵群山和牧羊女的形象，绵羊一直处在人们生活的中心。绵羊喂饱了我们，为我们提供衣服，改变了我们的饮食习惯，让我们变得更富有也更贫穷；它改变了世界的景观，帮助我们建立伟大的文明，赢得战争；它装饰了我们的家园，让我们能够创造艺术珍品；它支持新大陆的发现者和私掠者征服地球上的大片土地。巨大的财富建立在绵羊的背上，城市因市场和肉类交易而形成，但要开始讲述绵羊的故事，我们就必须回到农耕文明的黎明时期，从那时起，我们的祖先从追逐和狩猎动物变成自己饲养动物。

在1000万到2000万年前，绵羊的祖先在中亚的冰山中不断进化。在上一个冰河时期，这些强健的高海拔动物开始向外迁移——有些向西迁移至欧洲，有些向东进入西伯利亚，有些甚至远至北美洲，在75万年前穿越了冰封的白令海峡。

现代家养绵羊品种来自向西迁移的摩弗伦羊（Mouflon）。这种羊颜色深且多毛，底层绒毛十分柔软。与你今天在农场里看到的绵羊有所不同，这种古老的羊长有大角，而且不需要剪毛，可以每年自然换毛。它与现代绵羊有一个共同点，那就是肉质都很美味。从我们的史前祖先看到野羊的那一刻起，人类就一直在努力地猎杀它们以果腹。

之后发生了一件事。大约11000年前，人类将注意力转向了种植作物。在被称为"新月沃地"（Fertile Crescent，位于中东地区，从埃及一直延伸到波斯湾）的那片宽阔弯曲的地区，我们发现了早期人类开始种植谷物和豆类的证据，并且最关键的是，他们从那时开始自己饲养动物。

至于他们为什么这样做，我们不知道。也许是人类过度猎杀或开发了野生动物资源，也许是气候的波动让人类成功种植了过去无法种植的作物，也许是人类的社会组织方式发生了变化，又或者是人口数量不断增加。总之，那时的人类突然拥有了丰富的资源，可以自由地尝试耕种。这个问题依然没有答案，但从考古学角度来看，有个事实越来越清楚：不同地区的人群在大约同一时期不约而同地开始尝试耕作。

最早发生这种情况的地方之一是土耳其中部的一个小村庄，即阿西克利霍尤克（Asikli Hoyuk）遗址。这里多年来一直吸引着考古学家们的注意，他们长期以来一直认为这个村庄或许在农耕历史中非常重要。这一猜测在2014年得到证实，当时的考古学家们在这里发现了数百种不同动物的骨头。由亚利桑那大学图森分校的动物考古学家玛丽·斯坦纳（Mary Stiner）领导的一支团队发现了考古层，其中满是10500年至9500年前人类居住留下的垃圾和残骸。

从遗迹中筛选出来的样本表明，随着时间的推移，阿西克利霍尤克村民的食物发生了巨大变化。在最初的500年里，居住地的男女老少以鱼、兔、乌龟、鹿和一些绵羊为食。然而，在接下来500年的残骸中，羊骨的比例稳步上升。直到距今9500年前，几乎所有的动物残骸都来自绵羊。

分析古代绵羊尿渍留下的盐分痕迹，也能看出绵羊如何迅速成为村庄里的"主角"。[1]在阿西克利霍尤克有人迹的短短1000年时间里，人们从猎杀绵羊开始，发展为在泥屋之间的狭窄巷道里拴上几只绵羊，之后又在村子边缘的羊圈里大规模地饲养绵羊群。羊类养殖业已然形成。

从狩猎采集变为养殖，我们首先提出的问题往往是"这个转变何时发生？"，但更有趣的问题也许是"这个转变怎样发生？"。绵羊和人类之间并不是相互依存的关系，这种关系也完全不像人和狗之间那般美好与和谐。绵羊需要人类，但我们却是以某种特殊方式"说服"它们留在人类居住地的。

有一种观点认为，在绵羊的驯化过程中，狗厥功至伟。在野外，人们看到过狗的祖先——狼在驱赶驯鹿，这是狼的一种狩猎策略。因此有人认为，石器时代有进取心的人看到狼这种天然的牧羊本能，将其作为优势加以利用。也许远古的人类已经意识到，在犬类伙伴的帮助下，人们不费吹灰之力就可以放养和管理野生绵羊群，将野生食物资源变得可控。的确，在开始驯化牲畜之前的若干年，人类就已经开始饲养"宠物"了。约旦北部有一个很有意思的例子。在乌云哈曼城（Uyun al-Hammam）一个有16500年历史的坟墓，专家在其中发现了一个男人，特意和他的红色狐狸合葬在一起。据推测，这只狐狸已经经过驯化。[2]但训练狼或野狗围捕野绵羊，即使并非异想天开，也会让人感到匪夷所思。在当时而言，《男人和他的狗》（One Man and His Dog）这部电视剧里描述的日子还遥遥得很。如果想要回答狼和野狗在人和绵羊的历史中扮演了什么角色，正如我们在本书后面所讲到的那样，反而是羊协助了人类对狗的驯化（见第7章）。

如果能抓住动物的幼崽，那么驯化这种动物就容易多了。关于羊被驯化的许多理论都集中在这种想法上：狩猎者或是采集者把野生羊羔带回营地，当作孩子的宠物，或养肥以后食用。你可以想象一下这样的场景：野生母羊在一次狩猎中被杀死，留下一只小羊羔,狩猎者或是采集者决定把小羊羔带回营地。在那里,小羊会被人类家庭照顾、喂养。等它们长大了,要么留着挤奶,要么以后再吃。

简单来看,这是有一定道理的,但这样的小羊羔存在断奶的问题。如果羊羔足够大,可以依靠吃草而不是靠母亲的奶水生存,那么它很可能已经接近成年,并不容易被抢走。如果你能捕获很小的羊羔,并让它对人类产生"印刻效应",这样驯养起来就会变得无比轻松。这样一来,羊就会对人产生依恋情绪,人类就可以控制它的行动。要做到这一点,唯一的办法就是在小羊羔一出生时就把它从母亲身边带走,然后由人类用母乳喂养它。因此,出乎人的意料,家养绵羊的历史可能真的是从女性用乳汁喂养刚出生的小羊羔开始的。

这并不是一个奇怪的、令人厌恶的观点,人类学家在新几内亚等地发现过类似的现代案例。那里的小猪和儿童一样可以得到人乳喂养,成为人类家庭的一部分。历史上,不同文化群体中的女性都曾被鼓励用母乳喂养幼小的动物。具体原因有很多(不仅仅是为了动物的利益),包括促进泌乳、硬化乳头和防止受孕。实际上,当18世纪的作家兼女权主义哲学家玛丽·沃斯顿克拉夫特(Mary Wollstonecraft)生完女儿玛丽·雪莱(后来写了《弗兰肯斯坦》)后因败血症而奄奄一息时,医生就坚持让小狗来吮吸她的乳房,刺激玛丽的身体排出受感染的胎盘(顺便说一下,这并不奏效，她很快就去世了）。³ 就在2005年，一位40岁的妇女拉泰（Hla Htay）被人发现在缅甸仰光动物园给一只孟加拉虎幼崽喂奶，这个故事上了新闻头条。⁴

但是，养宠物羊是一回事，积极饲养和繁殖绵羊作为肉、奶、皮、毛的来源则是另一回事。新石器时代的农民以某种方式开始将野生绵羊驯化为温顺的农场动物。这些绵羊被圈养繁殖，由人类照料它们，为它们挤奶，修剪羊毛。不过，我们只能推测整个过程。每个保护区的动物园都会告诉你，不是所有的动物都能在圈养中快乐地繁殖，比如猎豹和白犀牛就不行，任何因素（比如压力或择偶偏好）都可能导致野生动物在其自然栖息地以外的地方无法繁殖。野生绵羊肯定已经适应了在人类面前繁殖，至少大部分都能适应。那些不能适应的动物就被排除在人类的选择之外了。

不过，驯养绵羊有一个先决条件：它们恰好是理想的驯养动物（这也是命运的巧合）。进化生理学家贾里德·戴蒙德（Jared Diamond）给出了一份清单，列出了动物顺利通过"驯化测试"必须具备的6种特征。⁵很多动物都具备其中的部分特征，但是很少有动物能全部匹配。然而，绵羊则刚好满足全部条件。

第一个特征是动物不能太挑食。它们的饮食习惯要灵活适度（即能适应各种放牧条件，能吃不止一种食物）。第二个特征是动物能够快速成年。这样人类就不必投入多年的照料时间才能食用或利用这些动物。第三个特征是动物必须能够在圈养条件下繁殖。第四个特征是动物的天性要温顺（虽然绵羊有时具有很强的攻击性，尤其是繁殖季节的公羊）。第五个特征是动物不能太胆小。例如，鹿和瞪羚被捕获后经常会因惊吓而休克，甚至死亡。最后一个特征是，被驯养的动物需要有社会结构，能够有一个强有力的领导者控制住整个动物群体。这个领导者可以是人类（即牧羊人），也可以是训练后的动物领袖（即领头羊）。

绵羊之所以能被驯服是因为它还具备另一个特性，一些品种的野生绵羊有明显的地域感，更愿意待在自己的领地范围内不越界，这一特性吸引了早期的农民。几千年来，这种自然本能一直得到保留和强化，形成了一种名为"累积法"（hefting）的牧羊法。绵羊会在脑海中留下特定区域的印记。牧羊人可以让羊群在这个区域内自由吃草，不需要修建篱笆、时刻看管。绵羊知道哪里是自己的活动界限，哪里的草特别好，在哪里可以找到栖身之处。这些信息从母羊传到羊羔，代代相传。使用"累积法"放牧的羊群似乎也能抵抗特定的寄生虫和有毒植物，避免缺乏某些矿物质。毕翠克丝·波特（Beatrix Potter，1866年7月28日—1943年12月22日，英国著名儿童读物作家，创造了著名的兔子形象——彼得兔）最喜欢湖区的赫德威克羊（Herdwick），这可能是使用"累积法"放牧的羊中最著名的品种。

除了这些自然因素让羊成为适合驯化对象，我们必须承认，早期的农民也会故意选择羊的某些特征，使它们更容易控制——比如性格温顺的羊会受到农民的欢迎，而表现出高度攻击性的羊会被吃掉。太大的羊和有角的羊可能会因为太难管理而被淘汰，而突变的羊会被选择并培育，并由此进入后续的基因库中，比如拥有白色羊毛的羊（这样更容易染色）。

我们不知道这个过程有多刻意，也不知道有多迅速，现代绵羊在大小、毛质、颜色、是否有角等方面与古代绵羊都有很大不同，而且这些特征可能并非都是有意为之。至少我们可以猜测，将野生羊变得更平和、更容易管理，这个速度可能比我们想象的要快得多。

早在1959年，苏联科学家就开始了一项"驯化野生银狐"的实验，他们想看看当动物变得驯服，它的生物学和遗传学特征会发生什么变化。科学家会从每一代中挑选少数表现出友好和缺乏攻击性的狐狸来繁殖下一代。

50年后，50代狐狸的繁殖经验得出了两条结论：第一，人类有可能在相对较短的时间内将野生动物驯化，驯化的过程不是通过训练而是通过"挑选出最驯服的后代"来完成；第二，驯化后的动物与它们的野生祖先确实不同。让狐狸缺乏攻击性的基因也表现在它们的身体性状上——驯服的狐狸有一组附带出现的特征，如软耳、短鼻、白毛斑和卷尾。[6]

我们在现代羊身上看到的一些特征就是通过这种选择机制产

生的。脱氧核糖核酸分析还表明，我们看到的绵羊品种之间的部分差异也可能缘于绵羊对气候变化的适应，因为绵羊同样需要在具有不同地形和气候的地区之间移动。较小的体形、绒毛厚度和其他特征可能都是对环境因素（如湿度或温度）的反应，而不是聚集养殖和有意繁殖的结果。

无论过程如何，当今世界共拥有约10亿只绵羊。这个庞大的全球绵羊种群至少有数千个品种，包括巨大的、毛茸茸的美利奴羊（merino）和体型较小、坚韧的韦桑羊（Ouessant）。绵羊生活在南极洲以外的各大洲，并适应了从阿拉斯加的寒冷山脉到苏丹炙热的沙漠等各种气候与地形。绵羊不仅为人类提供了肉类食物，还提供了羊奶、奶酪、羊毛脂、羊皮，以及最重要的羊毛。

绵羊如此成功地在全世界繁衍生息并出现五花八门的品种，让我们不禁深思，它们是如何做到的。考古遗迹和脱氧核糖核酸分析为我们拼凑出了一些线索。羊群是从中东的新月沃地分批迁移出来的。第一批，也就是绵羊的先驱者，可能是一群早期被驯化的羊，但它们看起来与其野生的表亲并没有什么不同——它们体形更小，但仍然坚韧，是有角的动物，而且大多有深色的毛。大约7000年前，这些古老的绵羊通过人类的贸易、移民和不同文化之间的接触，逐渐遍布史前欧洲、亚洲，并进入北非。

这些绵羊先驱者的直系后代至今仍然在偏远的、交通非常不便的地方坚守着，避免了杂交，也没有被新型改良品种所取代。如果你想知道史前羊是什么样子的，那么在撒丁岛、科西嘉岛和塞浦路斯部分地区幸存下来的欧洲盘羊（European Mouflon）就能为你提供一张历史快照。那些在北欧边缘地区风餐露宿的羊，即索艾羊（Soay）、赫布里底羊（Hebridean）、奥克尼羊（Orkney）、冰岛羊（Icelandic）和北欧羊（Nordic）也是如此。

早期被驯化的绵羊并不会因为羊毛才显得特别有价值。它们的身体表面是厚而粗的毛，只有底层绒毛才是短而细的，这种毛皮结构非常适合凉爽的山区环境。这些绵羊每年都会换毛。早期的农民可能已经开始有意收集这些羊毛，甚至学会了用一种称为"手拔"（rooing）的方法将它们从羊身上拔下来，但我们并不知道他们具体如何处理这些材料。羊毛很脆，难以染色，而且可以肯定的是，尽管较软的羊毛是可以进行加工的（前提是你能得到软羊毛），但大部分的羊毛还是太硬了，无法制成衣服。获得肉类是这些早期绵羊驯化的主要用途，羊奶也很快成为很有用的副产品。科学家最近在公元前5300年克罗地亚陶器的碎片上发现了奶酪的遗迹，类似于羊奶酪，有人认为这是世界上最古老的奶酪。[7]

到公元前5000年，农业已经成为从西亚、中亚、北非、地中海到英国、爱尔兰、斯堪的纳维亚半岛的广大人民的支柱产业。遗传分析表明，大约在同一时间，另一批羊群从新月沃地中涌现出来。这些新型改良绵羊和羊毛同时进化，塑造了现代的绝大多数品种。

第二批迁徙的绵羊从中东扩散到欧洲、非洲和亚洲等其他地区。它们杂交繁殖，并随着迁徙而进化。有趣的是，这批新型改良绵羊的流动并不是单向的，例如中国北部和蒙古国的牧民成功培育出了独特品种，然后这些羊经过几千年的贸易和战争回到了西亚，又进入了欧洲。传说中，成吉思汗蒙古游牧部落的战士在骑马西行时，马背上都绑着活羊。

值得注意的是，在上个冰河时期，通过曾经连接俄罗斯和阿拉斯加的陆桥进入北美的野生羊种并未被土著部落驯化。直到16世纪早期，当西班牙征服者们带来丘罗绵羊（Churro）时，美洲才出现家养的羊。

人类如何培育出拥有厚实、柔软羊毛的绵羊？这仍然是一个谜。大多数纺织历史学家都认为，产羊毛的品种并不是在某个伟大时刻突然创造出来的，而是通过一系列实验和偶然的突变慢慢形成的。[8]农民们可能注意到某只羊有特别蓬松的羊毛底层，或生长着比正常情况更少的外毛，于是考虑可以将它的毛作为纺织物和服装的原料。在了解了羊毛的用途后，农民就可以通过选择性育种来加速这一过程。

在羊毛纺织物出现之前，人们将原料进行编织和染色的历史已经有几千年了。这两种工艺出现的最早证据可以追溯到惊人的3万年前，但史前工匠们更倾向于使用植物纤维，如亚麻，而不是柔软易碎的羊毛。那么，请想象一下，当突然意识到羊毛的巨大潜力时，人们该有多么兴奋。然而，对于考古学家来说，试图追溯羊毛的发展历史极其困难——毕竟古代的丝线类产品很少能流传几个世纪。仅仅发现少数碎片就足够令人激动了，因为这些碎片已经给我们提供了确凿的证据。因此，我们就可以确信，在这个时候，能够让人类利用的羊毛已经出现了。

最早的羊毛纺织品碎片来自伊朗东部靠近阿富汗边境的一个尘土飞扬的遗址，名为"被焚之城"（Shahr-i-Sokhta）。这片令人望而却步的炎热土地在5000年前是一片文化绿洲，也是一座拥有宏伟宫殿、早期文字、陶器和金属工艺的城市，最重要的一点——这是一座拥有繁荣纺织业的城市。多年来，考古学家们发现了一堆又一堆用于纺织的锭子以及保存质量很好的羊毛纺织品碎片，至少使用了8种不同类型的羊毛。[9]

在伊拉克的乌尔城（Ur，世界上最早的城市之一）出土了一份公元前3000年末的古代文字记录，里面描述了至少5类羊毛，其中最好的羊毛已被皇家征用。这些文字还描述了牧羊人对大规模羊群的控制——"有时一群羊多达27000只"，并且第一次谈到了白色绵羊。

白色的羊毛在当时是相当罕见的，也是非常珍贵的。与绵羊通常的棕色、斑点和黑色羊毛截然不同，白色羊毛显然已经成为一种贵重的商品，相同重量的白色羊毛，价格是当时其他颜色羊毛的4倍，成为皇宫的税收来源之一。为了保护养羊人和羊毛商人免受无良买家和偷羊贼的侵害，法律应运而生。[10]现在，羊活着比死了更有价值。

2

羊毛鳞片的秘密

Wool's Scaly Secret

在时间中冻结了 2400 年的女人、
罗马士兵的盔甲和蒙古包

1993年，俄罗斯考古学家娜塔莉亚·波洛斯马克（Natalia Polosmak）收到了当地边防军的一份报告，她和团队当时正在危险重重的西伯利亚阿尔泰山脉做研究。这是一条崎岖而绵延的山脉，俄罗斯、中国、蒙古、哈萨克斯坦在这里相交。很少有考古学家涉足这个荒凉的地方，但波洛斯马克被一些马背上的古代游牧民族故事吸引，带着一腔热忱踏上这片土地。这些游牧民族被统称为巴泽雷克人（Pazyryk），他们的墓穴散布在冰天雪地中。边防军给波洛斯马克指认出一个特殊的土丘，它被称为库尔干（kurgan），由一大堆巨石和泥土组成。经过几周的挖掘，在岩石和土壤层中，该小组最终挖掘出一个冰封的墓室。墓室外摆放着6具马的尸体用以献祭，它们套着马具，似乎准备让主人骑马进入来世。

波洛斯马克和同事们异常兴奋。自20世纪20年代起，像这样的坟墓挖掘工作已经取得过一些成果。这些成果已向世界展示，这种文化如同神话般神秘且丰富，也为我们展现了当地人民2000多年前在整个中亚地区生活和迁徙的状况。但是没有人能

2 羊毛鳞片的秘密

够预料她们眼前的情况。打开木质墓穴的那一刻，里面的气味给出了不一样的答案。一位研究人员后来这样告诉美国公共电视网纪录片的记者：

> 你需要不断用桶往外舀水，因为墓穴里非常潮湿。要知道，在墓穴里你的脚会浸在水中。墓穴中的一切都散发着一种霉味，意味着里面的东西真的都保存下来了。你会在里面找到一种有机材料——羊毛。大家都知道湿羊毛是什么味道的。墓穴里面马的气味也很重，尤其是它们的胃，像是腌过一样被保存下来。[1]

波洛斯马克发现了一位年轻、有地位的女人。她被精心埋葬在墓穴中，后来被命名为"冰女"。她已经死了2400多年，身体和祭品被一层层的冰水保存得非常完好。"冰女"大约25岁，侧卧在棺中，好像睡得很熟。她的头发被剃光了，戴着一顶精致的假发，穿着华丽的衣服，身上还有一条长而宽的深红色和白色相间的裙子，由绵羊毛和骆驼毛织成，腰间系着流苏腰带，穿着白色的羊毛长筒袜。最令人惊讶的是她的帽子：一个3英尺（大约0.9米）长的头饰，由毛毡制成，占据了棺椁的三分之一。

从这一发现以及该地区其他零散的发现中，我们深刻了解到羊毛对于这一古老民族的重要性。巴泽雷克人只是后来被称为

"斯基泰人"（Scythians）的众多部落中的一个，他们与其他部落有着类似的生活方式、语言和文化。他们生活的面积广大的西伯利亚，占地球陆地面积的十分之一。那里的大部分地区是茂密的森林和冰冻的荒地，但草原面积足够。当地的游牧文化在公元前800年左右就已出现（生活方式以放牧和狩猎为主）。

斯基泰人是熟练的骑马者，他们将成群的绵羊和山羊从一个牧场赶至另一个牧场，随着季节变化而长途跋涉。他们善于频繁移动营地，住在用羊毛毡覆盖的大帐篷里，将羊皮地毯和毡毯铺在地上。他们是熟练的工匠，可以加工金、铜、木、角、皮革等材料，但最令人惊讶的也许是他们掌握了毛毡这种材料的加工方法。随着时间的推移，那些被埋葬的财富不断涌现，包括毛毡天鹅模型、毛毡壁挂、马鞍套和服装，以及世界上最古老的羊毛长裤。世界上最古老的地毯也发现于公元前5世纪的巴泽雷克人墓穴。这个幸存之物神奇地没有被早期盗墓者带走。他们将墓冢敞开，任由风吹雨打，水渗入其中浸湿了地毯，于是这块地毯仿佛在时间中冻结——直到1949年这个幸存之物才被发现。地毯的彩色毛线像刚刚编织时一样鲜艳。

斯基泰那块羊毛材料的有趣之处在于，它似乎是由许多不同种类的羊毛混合制成。也就是说，这一时期一定存在着品种杂交现象。更重要的是，斯基泰人墓葬中发现了许多染料和其他织物，产地都远离他们的家乡。有来自地中海的染料，有来自印度的丝绸，有来自古波斯和亚美尼亚的毛纺织品——所有这些跨文化遗迹都表明，即使在2500年前，思想、技能和货物的交流也如此便捷和广泛。

这些古代人类非常乐意使用羊毛。绵羊的绒毛显然激发了想象力，让他们能够制作精美的织物，最终成为他们的文化核心。此前，古代人类已经有了其他可利用的纺织品材料：羊毛出现时，由亚麻织成的亚麻布已经存在了几个世纪，丝绸早在公元前6500年就已经出现，巴基斯坦和秘鲁都在丝绸出现1000年后就开始种植棉花。相比之下，羊毛是一个后来者。

羊毛之所以长期为人类所用，主要是因为即使有了现代合成材料，也没有其他纤维能够像羊毛那样具有卓越的适应性。羊毛就像变色龙，既能驱赶湿气又能吸收湿气。它可以根据外部温度的不同调节你的体感，并且像丝绸一样柔软，但又足够坚韧，扛得住灼热的火焰。羊毛的秘密在于其隐藏的结构。不同于棉、丝、涤纶或者亚麻，羊毛纤维披着"鳞片"——在显微镜下观察羊毛，其表面与虬曲的树干和松果有着不可思议的相似之处。

这些"鳞片"让羊毛能够实现许多神奇的功能。就像屋顶上的瓦片，这些重叠的"鳞片"让羊毛具有疏水性，又让水蒸气可以钻进"鳞片"之间的小缝隙，保存在纤维的内部。实际上，天然纤维中最喜欢水或者说最亲水的材料就是羊毛，它能够吸收大气中多达40%的水蒸气，摸上去却并不让人感到潮湿。这种吸收液体的自然优势也使羊毛更易于染色。

羊毛也是一种出色的隔热材料。羊毛纤维之间的空气形成了热屏障，可以减缓热量传递。这个特性意味着它可以让你在炎热的日子里保持凉爽，在寒冷的日子里保持温暖。但真正令人惊奇的是：当羊毛吸收水分时，实际上它会释放出热量。因此，当你在晚上从温暖干燥的房子里走到寒冷潮湿的户外，羊毛衣服在吸收空气中湿气的同时还会让你感到温暖。这个天然的化学过程被称为"吸附热"，它解释了为什么羊毛被倾倒在一起或堆成包时会自己变热。

羊毛也是天然的防火材料。由于含氮量和含水量很高，羊毛很难燃烧。而且，即使你设法点燃羊毛，多半也只是冒烟和烧焦，不会直接烧出火焰（羊毛在570—600℃才会被点燃，这一点令人惊讶）。与合成纤维不同的是，羊毛具有惊人的细胞结构，受热时会膨胀，形成天然的绝缘层，能抵挡火焰蔓延。这解释了为什么羊毛毯能很好地遏制火灾，也解释了为什么羊毛内衣是许多消防员和服务人员的必备品。

羊毛的惊人之处还在于，尽管我们将羊毛与柔软可爱的衣服和针织靴联系在一起，但羊毛其实非常坚韧。羊毛纤维可以自身弯曲超过20000次而不断裂。相较而言，棉花纤维在弯曲3000次之后就会断裂。这种特性让羊毛耐撕耐磨。羊毛还天然具有弹性，拉伸后能恢复原状。这种弹性和极高回弹力的属性使其成为制造

2 羊毛鳞片的秘密

幼儿跳绳和钢琴弦槌等物品的完美材料。

话题再次回到斯基泰人。有趣的是,从巴泽雷克人墓葬中发现的很多东西都是用毛毡做的。在西方世界,当谈到羊毛时,毛毡并不是我们首先想到的材料,我们想到的可能是针织毛衫或精纺套装。然而,毛毡可能是第一种由绵羊毛制成的织物,当然也是最坚韧的一种材料。要制作毛毡,你不需要任何复杂的工具和织布机,只需要热量、水分和压力就够了。

这一切都归功于羊毛纤维上的"鳞片"。对羊毛纤维进行轧制、敲打和搅拌的过程会让这些"鳞片"相互钩挂,形成一个致密的、抗撕裂的垫子。虽然没有任何考古学证据能够证明毛毡比其他类型的毛织品更古老,但我们可以放心地如此假设。在后文我们将会看到,要使羊毛达到可以进行编织的程度还需要经过一些努力。另一方面,因为制作毛毡的过程非常简单,所以几乎可以认定它是被人类偶然间制作出来的。事实上,关于毛毡的起源,许多传说都如此表述。

欧洲的版本讲述了圣克莱门特(Saint Clement)令人难以置信的经历。他是一个朝圣者。为了保护自己的脚,他在鞋子里塞满了松散的羊毛,结果发现不断的踩压和流汗让羊毛变成了毛毡。《圣经》的版本则讲述了诺亚方舟的地板上不断有动物毛发脱落,经践踏后变成了毛毡地毯。在另一个版本中,一个波斯牧羊人沮丧地踩踏羊毛,意外地制作出了毛毡。

我们永远不可能知道谁第一个用羊毛制作了毛毡，但可以从中亚的早期游牧社区（如巴泽雷克人"冰女"）到公元前3世纪的中国、印度和希腊文明来追溯到它的发展历程。事实证明，毛毡远不只是一种偶然的产物，它有极大的用处：巴泽雷克人用它来制作从服装、头饰到马鞍垫、地毯的所有东西，而古代中国人则用其制作睡觉用的床垫和头上的毡帽。[2]除此之外，古代毛毡最令人惊讶的用途也许是士兵穿的盔甲。

最早提到希腊人用毛毡做盔甲的人是荷马，他在《奥德赛》中对奥德修斯所戴的羊毛内衬皮头盔进行了描述。恺撒和希腊历史学家兼将军修昔底德都写过：士兵们穿着毛毡马甲来抵挡箭矢，如果遭到围攻，士兵们会迅速将大块的毛毡覆盖在攻城装备和木塔上。

罗马人的盾牌（scutum，长形盾）通常覆盖着毛毡，他们利用工艺将其穿过木头与盾牌缝合在一起。步兵们也身着"软"盔甲——一种由几条毛毡缝合而成的绗缝毛毡外衣，可以单独穿着，也可以放在金属盔甲下面。头盔下面的毛毡可以起到缓冲作用，减轻头部受到的多次打击。实际上，为了满足军队对毛毡不断增长的庞大需求，罗马专门设立了工厂大规模生产毛毡。有关毛毡工厂的记录来自布里西亚（今意大利北部的布雷西亚）和庞贝等地，这些工厂可以生产坚韧的、类似油布的毛毡，足以为战斗人员制作从帽子到坚硬紧身外套等所有东西。古罗马作家普林尼（Pliny）在公元1世纪指出："……羊毛也被压制成毛毡，在醋中浸泡后甚至能够抵御铁器；更重要的是，经过最后一道工序后，羊毛甚至能够防火。"

但毛毡并不只用于军队。古希腊人和古罗马人都喜欢这种结实的羊毛制品所具有的时尚潜力和实用价值。希腊人用它制作雨衣，以及一种被称为"皮利迪翁"（pilidion）的锥形无檐帽子。这种无檐帽通常佩戴在工匠、旅行者和海员身上，但到了罗马时代，这种帽子变得更小，更像无檐便帽，并且具有巨大的象征意义。从那时起，罗马帽成了自由的有力象征。当奴隶赢得自由时，他被允许穿上长袍，戴上毡帽，成为自由公民。拉丁语中的 ad pileum vocare（直译为"对帽子的呼唤"）有"让人自由"的意思；[3] 苏埃托尼乌斯（Suetonius）将公元68年尼禄死后欢欣鼓舞的人群称为获得自由的"毡民"（plebs pileata）。罗马硬币上的自由女神右手就拿着一项毡帽。

罗马人还有一种形状像蘑菇的扁平毛毡帽，这种毡帽是现代贝雷帽的前身。贝雷帽已经成为历史上最有说服力和灵活性的时尚代言品之一，很少有其他服饰能同时吸引自由思想家和军人，并成为富有创造力的知识分子、革命战士和男子突击队员的首选。

最早的一张贝雷帽的图片来自古代克里特岛的米诺斯文化。一个可追溯到公元前1750年至公元前1490年的黏土印章上描绘了男子在游行仪式中头戴贝雷帽的形象。⁴但通常情况下,贝雷帽只是工人佩戴的一种帽子。它与比利牛斯山麓的巴斯克农民密切相关,是适应牧羊人生活和多变天气的头饰。到了中世纪,贝雷帽在法国、西班牙和意大利已经很常见了。荷兰自画像大师伦勃朗在17世纪多次戴着贝雷帽作画,这一传统后来被塞尚、莫奈和毕加索等艺术家发扬光大。

艺术家和知识分子喜欢这种简陋的牧羊人帽子里所蕴含的诚恳和乡土气息,但与此同时,毛线贝雷帽也引起了军队的注意。苏格兰人自16世纪以来就一直戴着"蓝帽子",这种软毛帽子经过编织和煮沸缩水后带有毛毡质感。之后,成立于19世纪80年代末的法国精英山地步兵阿尔卑斯猎兵团(Chasseurs Alpins)首先戴上了我们今天熟知的法式贝雷帽。贝雷帽被证明是完美的战斗帽——它保暖,防水,而且没有帽檐,不会影响枪手瞄准。

英国军队很快也开始佩戴贝雷帽。英国皇家坦克部队是第一支将贝雷帽纳入制式服装的部队。中将休·埃尔斯爵士(Sir Hugh Elles)在看到猎兵团训练的几年后,于1922年向皇家坦克部队建议使用黑色贝雷帽。对于会罹患幽闭恐惧症的坦克士兵来说,这顶帽子可以说是一种完美头饰——它比其他帽子都要服帖、便宜,可以让佩戴者使用耳机。并且当坦克士兵在舱门爬进爬出时,这种帽子也不容易撞掉。

贝雷帽很快就被视为一种代表"精英部队"的帽子,特种空勤团（SAS）、伞兵团、突击队和许多其他部队很快也加入了这个行列。作为权力和军事力量的象征，贝雷帽确实无与伦比。它能引起革命者和激进分子的注意只是时间问题。最有名的佩戴者是切·格瓦拉、菲德尔·卡斯特罗和美国的黑豹党。于是，毛毡走进战场，上了前线。

但是，毛毡最广泛和最持久的用途也许并不在服装上，而是在住房上。蒙古包现在是豪华野营的象征，是露营奢侈一派的首选，但它的真正起源是2500多年前的中亚大草原。20世纪80年代初，一台推土机在伊朗西南部的建筑工地上工作时，意外地砸穿了一个石制墓室的墙壁。该墓葬后来被命名为"阿尔詹墓"（Arjan Tomb），里面有当时人们想象中古代国王来世所需要的各种物品：金手镯、戒指、匕首、烛台、青铜酒杯和一个装饰精美的大铜碗。

除了令人叹为观止的工艺，这只碗最有趣的地方在于，它还展示了大约公元前600年人类最早掌握的毛料蒙古包建造技术。在那之后的公元前400年左右，希腊历史学家希罗多德在描述斯基泰游牧民族时提到了毡房——除了关于失明的奴隶、好战的食人部落的可怕描述，他还经常提到蒙古包式建筑。

13世纪，成吉思汗在一个巨大的羊毛毡蒙古包里指挥着整个帝国。马可·波罗在著作中记录道：

蒙古人的房子是圆形的,由毛毡包裹着木杆制成。他们无论走到哪里都会带着这些东西。因为这些木杆牢固地绑在一起,而且也结合得很好,所以框架可以做得很轻。他们也有车,车上覆盖着黑色的毛毡,防水效果很好,雨水都流不进去。这些车由牛和骆驼拉着,妇女和儿童坐在里面一起旅行。[5]

蒙古帝国迅速征服了中东、亚洲甚至欧洲部分地区,很大程度上得益于蒙古人的流动性。蒙古包和马赋予他们速度和流动性,这是战争成功的两个关键因素。今天,在每200个活着的人中就有一个被认为与成吉思汗有生物学上的关系。一个遗传学家小组最近有了一个令人难以置信的发现,中亚有1600多万男性拥有和这位伟人相同的男性Y染色体。[6]看来羊不但帮助蒙古帝国征服了世界,还帮助他们繁衍生息。

蒙古包一直都是游牧民族的完美建筑。蒙古包可折叠,可运输,非常适应中亚大草原上的强风,它支持着牧民家庭的生活,帮助他们在季节性放牧区之间的不断迁移。制作蒙古包毛毡的技术也被完整地保存了下来,几个世纪以来甚至几乎没有发生改变。绵羊在春季和秋季都要剪毛。剪完后,人们用棍子敲打羊毛以分离纤维。这些蓬松的羊毛被分层铺在一个称为"母毡"的大垫子上,洒上水使其潮湿。之后,湿的羊毛和"母毡"被紧紧地卷在一根长而重的木杆上（就像一个巨大的瑞士卷），再裹上一层"外套"，"外套"材料通常是牦牛皮或防水布。接下来，整个一人大小的捆绑物被拖在一匹马后面，就像草坪上的压路机一样，一边走一边弹跳并压平羊毛，几个小时后，纤维神奇地融在了一起。

早在2010年，一场缓慢而致命的暴风雪使蒙古国近1000万只动物死亡，其中大部分是羊，这都是拜当年夏季严重的干旱和随之而来的严冬所赐，这种灾难也被称为"白灾"（*dzud*）。许多牧羊人离开了草原，带着他们的蒙古包到蒙古国首都乌兰巴托谋生。这些人将蒙古包聚集在一起，在城市的边缘形成了一个范围很大、类似棚户区的定居点。

尽管许多蒙古牧民正在试图改变他们的生活方式，或者是被城市新鲜的、稳定的生活保障吸引，或者是因气候变化而被迫离开自己的土地，但绝大多数牧民仍然喜欢生活在毛毡屋檐下。虽然他们面临着离开蒙古包、走进高楼大厦的压力，但对于一个以羊为生的国家来说，羊毛帐篷的实用性及其带来的怀旧情绪，这样的吸引力实在是太大了。

3

为什么有些绵羊的毛要被剪掉

Why Some Sheep are so Rooed

剪刀的发明、
木乃伊的文身和逃跑的羊

大自然总能创造出人意料之事。早期的牧民通过意外发现和实验，终于成功培育出了比野生绵羊毛发更多、更柔软的绵羊。这类羊毛是纺织品的理想材料，但有一个关键问题：几千年来，野生绵羊在温暖的天气里都会脱毛，然而这些新驯化的绵羊，羊毛并不总是自然脱落。与其说这是巧合，不如说这是人类的精心设计，古代牧民特意培育出一种不能自然脱毛的动物。

在某种意义上说，这是一件好事。如果想让羊毛成为有价值的物品，你必须能够预测羊毛将在哪里脱落。毕竟野羊在任何地方都可能留下一大把毛，就这么被微风吹走了。因此，人的任务变成了如何为驯养的羊脱毛，特别是脱掉那些不易脱落的绒毛。

剪刀的发明要归功于羊。早期的养羊人尝试了许多不同的脱毛方法，有些方法会让羊十分痛苦。公元前2000年左右的美索不达米亚文字中提到了拔毛（也叫rooing）[1]、撕扯和梳理的方法（在中国，羊绒是通过梳理的方式收获的）。拿现代剪毛方式与传统牧民社区的剪毛方式相比较，我们可以想到，一些牧民可能是用刀子把羊毛割下来的——尼泊尔的牧民如今仍在使用一种的弯镰刀来"剪"羊毛（名字为"anise"）。

一些考古学家认为，真正的早期养羊人（即在大约5000年前）甚至可能使用石刮刀来剪羊毛。这些经过磨制的细长石器（称为片状刮刀）出现在养羊业最早的起源地——新月沃地，人们认为这些石器最初是用来刮削动物皮毛的。有两位考古学家想出了一个绝妙的主意，他们想知道是否可以用石头刮刀来剪断羊毛，于是转而研究工具上的磨损痕迹。最终，他们发现不仅石刮刀的剪切效果令人震惊，而且其磨损形痕迹与考古发掘中不断出现的古代石头刮刀相一致。[2]

然而，要真正熟练且迅速地剪羊毛，金属剪刀的效果无与伦比。金属剪刀首次使用的记录出现在公元前500年的新巴比伦文本中。[3] 它在公元前300年左右被引入罗马，而在整个铁器时代，欧洲出现的剪刀样式看起来与今天在五金店中找到的剪刀并没有明显不同。这些剪刀造型简单而优雅——薄而锋利的刀片由金属本身的曲线形态或弓形结构连接。弓形结构包含一个弹簧，当牧羊人松手准备剪下一团羊毛时，弹簧就会自动打开剪刀。令考古学家略感困惑的是，早期农民饲养的羊，其中许多品种每年都会自然脱毛，那为什么还需要剪子？

答案恰恰在于，古老的绵羊中有些品种更容易掉毛（那些最早从新月沃地迁徙出来的绵羊祖先，如设得兰绵羊和索艾绵羊，即Shetland和Soay）。那些最容易掉毛的绵羊，牧羊人还没来得及拿到羊毛，羊毛就被吹走了。有些羊会部分掉毛，留下乱七八糟的斑块需要剪掉。还有一些羊从不自然掉毛，必须剪毛。换句话说，几个世纪以来，剪子对养羊人来说是额外的工具，剪羊毛则是附加工作。对于农场主来说，当某只羊有一块难以梳理的绒毛，或者有些羊已经失去自然脱毛的能力，他们使用剪子处理起来非常方便。然而，随着时间的推移，大多数绵羊已失去了自然脱毛的能力。

在考古发现中，迄今为止设计最棒的剪刀来自公元2世纪的一座埃及古墓，发现于一个女人的工作篮中。这把精致的青铜剪与顶针、别针和其他工具放在一起，工艺十分精湛，甚至可以说用来剪羊毛都显得有些浪费，其美丽的镶嵌和装饰展示了古代金属工匠的高超技术。现在这把铜剪收藏在大都会艺术博物馆里，剪刀上刻满了古代的象征符号，有猫、狗、狮子的形象，还有戴着羽冠的男神和女神，以及两个鹰头狮身人面像——这些符号面对面排列着，每当刀片相遇，这些造型也接触在一起，富有象征意义。[4]虽然我们并不知道这把铜剪是为谁或为什么而制造的，但很明显它很昂贵。剪刀上的象征符号也表明了它的仪式功能和价值，而我们不可能搞清楚其中的奥秘。有趣的是，在接下来的几个世纪里，有很多迷信和神话都围绕着剪刀和剪羊毛。

在希腊神话中，命运之神被描绘成三个女人，即三位纺织师，每个人都被分配了一项特殊的任务。克洛托（Clotho）纺出"生命之线",拉奇斯(Lachesis)测量线的长度,阿特罗波斯(Atropos)用剪刀将线剪断。将线剪断意味着死亡,这个强有力的隐喻后来成为剪刀的另一内涵。在古代人的心目中,剪子既是无价之宝,又是危险之物,这种具有双重指向的物品往往是迷信的来源。

即使在今天,将剪刀作为礼物也显得不太友好。从日本到英国,在许多不同的文化背景下,剪刀作为礼物象征着友谊将被切断。为了避免诅咒,接受者必须用一个小信物或硬币来"应对"这个切割工具。在新年伊始,中国人会在一个月内避免使用剪刀,防止它带来一年的争吵。在埃及和巴基斯坦,开合剪刀但不剪东西,或者让剪刀一直开着,也被认为会带来坏运气。在某些情况下,剪刀也可能是幸运的。人们从铁器时代的水井和河床中发现了许多剪刀,剪刀被扔在那里是为了乞求获得好运、安抚神灵。在中世纪,剪刀经常被塞进新生儿的摇篮里,还有门槛下或者墙后,目的是驱除恶灵。

最著名的羊毛神话也许是古希腊的"伊阿宋与金羊毛"的故事。这个故事传承了3000多年,讲述了一个英雄的终极追求,去完成"不可能完成的任务",经历一系列冒险和挑战,在海上艰难航行,为了找到神话中的奖品。伊阿宋的任务由他邪恶的叔叔佩利亚斯国王制定。佩利亚斯宣称,如果伊阿宋想成为国王,就必须找到一片橡树林,在树林中找到一条守护金羊毛的凶猛巨龙。如果他找到了金羊毛并把它带回来,就能夺回自己的王位。

一路上,伊阿宋和他的船员们——阿尔戈的英雄,面对伊阿宋凶残的妻子、长着翅膀的女妖、喷火的公牛和凶猛的风暴奋勇搏击,最终寻回宝藏,夺得王位。这是一个古老而引人入胜的故事,但人们长期以来一直都在争论金羊毛的意义——为什么在一个拥有无与伦比的宝藏的世界里,卑微的羊毛会成为最终的奖品。

多年来,针对这个问题出现了两种观点。一些地质学家将伊阿宋的旅程与黄金开采的历史联系在一起。[5]神话中的探索故事可能是作者从3300年前一次真正的航行中得到的灵感。当时无畏的团队从希腊大陆出发去寻找科尔奇斯(Colchis),一个靠近黑海的王国,因用羊毛来筛选悬浮在山涧的金粉而闻名。如今,格鲁吉亚斯瓦内提的清澈小溪中仍然流淌着黄金微粒,村民们至今仍在使用将羊毛投入水中的方法来淘金,因为羊毛的油脂可以粘住漂浮的黄金颗粒,把羊毛晾干后摇动就会抖出闪亮的金粉。也许就是这些闪闪发光的羊毛以及提取黄金的秘密催生了金羊毛的神话。

另一种说法是,伊阿宋的航行可能反映了羊毛对于希腊人及其邻国来说无比宝贵的事实。早在公元前37年,古罗马作家瓦罗(Varro)就曾说过:绵羊"非常宝贵,据说会长出金色的毛,就像阿尔戈斯城的统治者阿特柔斯……或埃厄忒斯在科尔奇斯祭祀公羊那样,那些被称为'阿尔戈的英雄'的诸多王子将羊毛当成了奋斗的目标"。[6]历史上许多早期的帝国不仅重视羊,而且把它们当作财富、秩序和文明的基石来膜拜。拥有公羊头的埃及神赫努姆(Khnum)被认为创造了其他所有埃及神;母羊瑟图尔(Sirtur)是苏美尔、巴比伦和阿卡德神话中的羊群女神;埃及伟大的太阳和空气之神阿蒙(Amun)在一些神庙内被塑造成羊头狮身的形象。

古埃及人甚至把羊做成木乃伊,作为一种有形、持久的信仰。在当时,如果你有这种信仰冲动,就可以把最喜欢的动物做成木乃伊,作为礼物送给当地的神庙。如果手头没有已经死去的动物,你可以随时要求把活的动物做成木乃伊,以你的名义献给神庙,然后祭司会把它埋在神庙的墓地里。

一些埃及人非常喜欢羊,他们甚至将羊的形象文在身上,以此为美。文明史上最古老的文身差一点被意外错过,这个文身就隐藏在一具有5000年历史的埃及木乃伊上。该木乃伊已在大英博物馆展出了一个世纪。这是一具男性木乃伊,其手臂上的黑色污点曾被认为是没有任何意义的。最近这些痕迹接受了红外检查,研究表明这两处痕迹实际上是两个文身———一处是巨大的野牛,另一处是公羊。这名男性在生前选择的文身图案具有深刻意义。两种动物都是强悍的生物,象征着强大的力量。这具木乃伊是一个年龄在18—21岁的年轻人，死于背部的刺伤，而这无疑描绘出了一幅暴力和崇尚强壮身体的生活图景。

很明显，羊毛是希腊文化的核心。正如纺织品学者、策展人兼无畏的实地考察者玛丽·洛伊斯·基塞尔（Mary Lois Kissell）在1918年的《大都会艺术博物馆公报》（Bulletin of the Metropolitan Museum of Art）中热情洋溢的描述：

> 古希腊的毛线被用于织就各种织物：平民百姓的粗糙常服，优雅女士精美且满是繁复花纹的、带有花边的长袍，以及尊贵死者的华丽丧服。任何一位有身份的女士在送别亲戚或英雄时都会为其编织一件奢华的长袍，对其英勇表达敬意。[7]

实际上，希腊人的许多衣服都是用羊毛制成的。男人和女人都穿着羊毛制成的束腰外衣，腰部用别针和腰带把衣服束在一起。在较冷的天气里，他们可能还会在肩膀上披一件毛质斗篷。但希腊服饰的整体风格是宽松的，用布也很多，这些都需要大量的羊毛。玛丽·洛伊斯·基塞尔在后文中又描绘了一幅希腊牧羊人的生活场景，听起来不亚于田园诗：

> 纺织用的羊毛来自经常出现在该地区山坡上的大群绵

羊。在古典文学作品中，没有什么乡村生活特征比田园生活本身的纯粹以及质朴更令人愉悦。荷马称阿卡迪亚是"羊群之母"。在这里，人们想象着山谷和石窟里跳舞的仙女，而牧羊人的生活则以梦幻般的形式出现，潘被选为"羊毛之神"，"感恩的牧羊人都爱他"。德摩斯梯尼（Demosthenes）告诉我们，需要对"最好的羊群给予特别关注，甚至给羊的皮毛外再覆盖上一层羊毛，以提高羊毛的生长质量"，这样做可以获得更优质的羊毛。

这种在绵羊皮毛外覆盖羊毛外套的做法在当代仍然沿用。美利奴羊的羊毛比其他品种的羊毛都要细——一只成年的绵羊生产的羊毛足够制作三件漂亮的商务套装。当美利奴羊毛商户在拍卖会上出售羊毛时，羊毛的状况常常是关键要素——泥土、粪便、害虫和植物等问题引发的任何污染都会影响价格，诸如光泽度差或者是"毡化"等问题也同样会影响价格。绵羊皮实际上是一种有着尼龙特质的卵形外套，人们可以借助它来保持羊毛的原始状态，提高产品的价格。

一只美利奴羊向世界展示了，如果不给现代驯养的羊剪毛会发生什么样的后果。"史莱克"是新西兰本迪戈牧场上数千只羊中的一只，在这个国家里羊的数量是全国430万总人口数的10倍。1998年，"史莱克"不知何故与羊群走散了，并在接下来的

6年中在附近的山洞里欢快地生活，没有被人发现。当2004年它最终被人发现时，已经长出了6倍于正常产量的羊毛，高达60磅（约27公斤），已然突破重量纪录。

"史莱克"顽强的生存能力和破纪录的羊毛量使它立即声名远扬。它多次公开露面，得到了新西兰总理的接见，它的故事甚至被写进了儿童书籍中。不过，类似"史莱克"的故事并没有结束。2015年，一只同样长期生活在野外的澳大利亚美利奴羊"克里斯"被抓获。"克里斯"被麻醉后，澳大利亚全国剪毛冠军伊恩·埃尔金斯（Ian Elkins）为其剪毛。"克里斯"的羊毛纪录为惊人的88磅（约40公斤）。专家们认为，如果这两只羊在野外多停留一段时间的话，它们很快就会因为携带超重的羊毛而死亡。

当然，澳大利亚人和新西兰人确实非常认真地对待剪毛工作。1788年，阿瑟·菲利普（Arthur Phillip）船长带着一批囚犯和牲畜从英国来到新南威尔士州，打算建立一个自给自足的殖民地，他带的所有牲畜中只有100只绵羊。一个世纪后，澳大利亚的绵羊数量已激增到1亿只。虽然澳大利亚拥有温暖的内陆气候和大片的天然草地，是养羊的理想之地，但手工剪羊毛的速度几乎赶不上对羊毛的需求。羊农们需要想一些办法从手工剪毛的痛苦和繁重工作中解脱出来。

弗雷德里克·约克·沃尔斯利（Frederick York Wolseley）是生活在澳大利亚的爱尔兰裔养羊专业户。1868年，他产生了"剪羊毛机"的创意。巧合的是就在这一年,墨尔本人詹姆士·海姆(James Higham)将"一种为绵羊和其他动物剪毛的新设备"申请了专利。[8]海姆的设备以蒸汽为动力,虽然机器本身的更新迭代从未有过很大起色,但却激发了沃尔斯利产生将剪毛机投入生产的想法。

1885年,沃尔斯利和他的工头赫伯特·奥斯汀(Herbert Austin)开始制造剪毛机。手工剪毛的工人最初因为他们的新发明而感到焦虑,担心这将使他们很快失去工作,但沃尔斯利的演示过于引人注目。这种剪毛机的剪子不仅更快、更容易使用,而且剪下的羊毛更多;此外剪下的羊毛还长度一致,这就能使每根羊毛都更值钱。羊群似乎也不那么紧张了,绵羊受到的割伤和其他伤害也减少了。[9]

三年后,沃尔斯利回到英国伯明翰,成立了沃尔斯利剪羊毛公司,奥斯汀很快也加入进来。事实证明,剪毛机的销售具有很强的季节性。因此,在淡季,奥斯汀开始对制造自行车感兴趣,并涉足早期的汽车制造领域。奥斯汀汽车公司成立于1905年,后来成为该国最大的汽车制造商之一。

剪羊毛现在是一项竞争激烈的业务。尽管引进了机器,但这仍然是一项汗流浃背、体力消耗巨大的工作,而且还是计件工作制,收入取决于速度和技术。手工剪毛的人一天剪20或30多只羊就不错了,而用机器剪毛的人每天可以剪10倍的量。根据最新的世界纪录，目前，8小时内最多可以为497只美利奴母羊剪毛。这项纪录要求每只母羊必须长有平均重量为3.4公斤的羊毛，并在大约18次操作内完成。

虽然美利奴羊因其高质量的羊毛而受到重视，但如今大多数的养羊人发现，生产羊毛已不再具有较高的经济效益，因为现下剪羊毛的成本往往高于羊毛的价格。少数农民正在重新开发每年都会自然脱毛的优势品种，就像它们古老的野生祖先一样。英格兰西南部*的农民正在研发一个新的品种，称为Exlana（在拉丁语中意为"曾经有羊毛"），他们从这种春季会自然脱毛的绵羊身上看到了优势。自行脱毛绵羊的毛与传统绵羊相比更短、更多、更轻，每只羊仅产毛1磅（约450克）。这种羊是由外来稀有品种发展而来的，如巴巴多斯黑腹羊（Barbados Blackbelly）和维京群岛的本地圣克罗伊羊（St Croix），它们每年都会自然脱毛。这在羊的历史上是一个有趣的转折——它使剪羊毛的故事成为一个闭环。

---

* 英格兰西南部的一个地区命名为"西南部"，后文同——编者注

4

坚韧如旧靴*

Tough as Old Boots

乳糖不耐受症、
制造奶酪的独眼巨人和祭祀双头羊

---

* "tough as old boots"是一句英国俚语,指人的性格坚韧刚毅。此处指本章中人类在面对与羊相关的各种文化考验时所进行的调整与适应——编者注

大约2000年前，一小群勇敢的凯尔特人航行到距离苏格兰大陆100英里（约161公里）的圣基尔达岛（St Kilda）。他们带来了一群羊。这群羊也就是现代索艾羊的祖先，这个族群至今仍生活在这个岛上。这些看起来更像山羊而不是绵羊的生物小而有力，给了我们一个难得的机会，想象绵羊在铁器时代的欧洲可能是什么样子的。这是一次穿越时空的窥视，这些动物可能与凯尔特人——古代世界最著名和最可怕的民族之一——一起生活过。

有关他们的故事，凯尔特人并没有给我们留下书面记录，所以我们必须通过罗马人的记录、凯尔特人留下的技艺精湛的手工艺品，以及从他们的家园、定居点和墓葬遗迹中收集到的信息来进行解读。综合所有可利用的信息，我们可以得出这样一个结论：在这个丰富且独立的文化中，绵羊占据了决定生存和发展方向的核心地位。

凯尔特人一定吃过很多口感粗粝的老羊肉。从考古学来看，铁器时代的社会中多数绵羊只有在它们的其他功能被用尽后才会被吃掉。虽然这些古老的绵羊品种并不能生产特别好的羊毛，但凯尔特人养羊似乎首先是为了利用它们的奶和毛，其次才是肉。他们是熟练的农民和手工业者，经营着组织良好的布匹业，这一点并没有被一直留心他们的罗马人所忽视。当时的罗马历史学家斯特拉波（Strabo）指出：他们的羊毛布很粗糙，边缘很薄，他们用这种羊毛布织出厚厚的大衣（sagi，凯尔特人称之为laenae）。[1]

实际上，凯尔特人的毛衣之所以引起罗马人的注意，是因为罗马人需要物资来温暖他们向前线挺进的士兵以及那些把北方省份作为家园的流放者。在格洛斯特郡切沃斯别墅（Chedworth Villa）里有一幅罗马的马赛克镶嵌画，这幅画直观地说明了这两种文化如何相互摩擦、相互影响、相互贸易。画中一个男人穿着一种由当地部落制作的羊毛连帽大衣，手里拿着一只野兔。这种服饰是凯尔特文化的产物，而野兔则是产自罗马的舶来品。

事实证明，羊毛连帽大衣很受欢迎。它被大量出口，遍布整个罗马帝国。贸易显然非常繁荣，以至于在公元301年，戴克里先皇帝认为有必要对这种大衣和一种用途广泛的凯尔特地毯征收巨额税款。一件上好的羊毛连帽大衣，价格高达6000迪纳里，大约相当于500升葡萄酒的价格或一名教师整年工资总额的四分之一。[2]

罗马人也喜欢其他"野蛮人"的时尚选择。例如奥古斯都皇帝，他体质虚弱，无法忍受寒冷的天气，因此喜欢穿从被征服的北欧部落那里"借"来的衣服，包括羊毛背心和长裤。普林尼曾记录，在公元1世纪，他的罗马同胞们争相购买来自外省的最新产品———一种毛茸茸斗篷，利用羊毛中的油脂来防风防水。

不过，凯尔特人饲养大量绵羊不仅是为了制作斗篷用来出口，也是为了家庭使用。铁器时代的索艾羊每年只产2.2磅羊毛（约1公斤），这意味着一个家庭如果由两个成年人和三个孩子组成，那么他们需要大约20只绵羊才能让全家有足够的羊毛制作粗糙的羊毛毯子和衣服。[3]但是，似乎凯尔特人在大规模养殖方面并没有遇到任何困难，他们可以饲养大量绵羊，开展跨国羊毛贸易。我们之前提到的斯特拉波也认为："他们有规模庞大的羊群和猪群。他们不仅为罗马，也为意大利大部分地区提供了大量的毛皮大衣、盐和肉。"[4]

从崎岖不平的威尔士高地到绵延起伏的威塞克斯白垩平原，吃苦耐劳、体形矮小的绵羊非常适应英国多变的地形，而这种动物除了提供肉和羊毛还有其他用途。在古代，羊是宝贵的粪便来源。羊的粪便不仅可以作为田地里农作物的肥料，还可以用作燃料。无论是现代埃及的牛和骆驼的粪便，还是蒙古的山羊和绵羊粪便，许多牧民社区仍然使用干粪（或粪饼）作为现成的免费热能来源。

凯尔特人也喝羊奶。公历2月1日的庆祝活动伊姆博尔克（Imbolc）节是古代凯尔特人的四大节日之一———人们在这一天感谢春天的羔羊和母羊的羊奶。这是人类进化过程中一个有趣的怪癖，一些文化可以接受动物的奶，而另一些文化则不能。在绵羊和奶牛等动物被驯化之前，只有婴儿能够消化动物奶中的乳糖。婴儿体内可以制造一种乳糖酶来消化乳糖。然而，在人类历史的大部分时间里，消化乳糖的能力都会在断奶后消失。

依照传统，食用羊奶必须先将其发酵，这样可以分解其中的乳糖，但同时也会破坏部分热量价值。因此，任何能够消化动物奶而不需要先发酵的人，都可以获得额外的能量优势。换句话说，那些将乳制品（包括羊奶）作为重要营养来源的古代族群给其他族群带来了生存压力。能够吸收乳糖的少数幸运儿更有可能生存下来，并将他们的基因传递下去，包括消化乳糖的基因。

最近对欧洲古代骨骼的DNA分析表明，乳糖耐受性的突变出现在大约4500年前，并扩散到整个欧洲人口中。这种消化牛奶的能力对迁移到欧洲较凉爽的温带地区的群体特别有利，因为这是获得维生素D的一个额外途径——获得维生素D的主要途径是阳光，但在这些地区，阳光可能相对短缺（因此在丹麦只有2%的人口乳糖不耐受，而在赞比亚这个比例几乎是100%）。[5]据估计，世界上有三分之一到一半的人口不能消化乳糖或患有乳糖不耐受症。这种症状在非洲、东亚、东南亚和美国土著人口中特别常见。

虽然铁器时代欧洲各地的部落或许能够消化和享受直接取自

桶中的羊奶，但这并不意味着他们不会用羊奶制作其他东西。几乎可以肯定，羊奶黄油、酸奶和奶酪是凯尔特人饮食的一部分。普林尼在他的《自然史》(*Natural History*)中，用一整章充满深情地介绍了"各种奶酪"，并提到许多来自"外省"的奶酪，包括"用羊奶制成的"塞巴（Ceba）奶酪，以及来自高卢的味道刺鼻的山羊奶酪。一些罗马作家认为，绵羊奶和山羊奶远远优于牛奶，[6]其中绵羊奶是最有营养的，并且有趣的是，现代科学证明了这一观点。绵羊奶的脂肪和蛋白质含量远远高于山羊奶或牛奶，而且钙、镁、锌和其他矿物质的含量更高。[7]

铁器时代的部落和热爱奶酪的罗马人用羊奶制作奶酪并不是一件新鲜事。正如我们在第一章中所讲，类似的奶酪至少已经存在了7000年，而且最初可能来源于一个令人愉快的意外事件。早期的农民和牧民在携带水和牛奶时，必须具备足够的智慧。事实证明，羊的胃和膀胱是液体的最佳容器。但是，反刍动物的胃中也含有一种凝乳酶，它能使牛奶凝固并分离成凝乳和乳清。因此有理论认为，将羊胃作为容器，残留的凝乳酶或许导致装入其中的奶凝结并形成奶酪。

不管奶酪是如何出现的，羊奶酪很快就被证明是一种不可多得且极受欢迎的食品——它不仅营养丰富，而且可以比生牛奶保存得更久。在气候较热的地区，比如中东地区，盐通常作为防腐剂添加到奶酪中。例如，贝都因人的奶酪传统上是在春末用绵羊或山羊的奶制成，并用大量盐腌制，做成球状后放在阳光下晒干。使用这种方法，奶酪可以保存长达几个月，并且其中所有的营养和美味都会被锁住，在食用时才会释放出来。

这种保存方式只在较寒冷的北欧国家得到普遍应用，但并不适合潮湿的温带地区。于是，各个地区的人找到了不同方法来保存羊奶，如熏制奶酪或允许霉菌生长。常见的霉菌有洛克福特青霉菌（penicillium roqueforti）和灰绿青霉菌（penicillium glaucum）。这些霉菌不仅能带来香味，还具有抗菌特性。

早在公元1世纪，一种听起来很像罗克福奶酪的食物就出现在了普林尼最喜欢的食物清单中（这种奶酪在高卢制造，有像药一样浓郁的味道）。[8]根据传说，世界上最著名的蓝纹奶酪是一个牧羊人在山洞里吃羊乳酪和面包时首次发现的。正在进餐的牧羊人，忽然发现外面有一个年轻漂亮的女人，于是立即决定去追求她，就把午餐遗留在身后的洞穴中。经过几天无果的寻找，这位痴情的牧羊人回到了山洞，却发现奶酪和面包都发了霉。饥肠辘辘的他吃下了奶酪，才发现霉菌已经将奶酪变成了外表奇特且味道浓郁的罗克福奶酪。直到今天，法国中南部康巴鲁山的山洞中仍然在用羊奶制作罗克福奶酪。

羊奶酪还在奥德修斯和独眼巨人的希腊神话故事中大放异彩。这是一个众所周知的英雄故事。我们都知道故事中有个巨人被希腊英雄弄瞎了。但荷马写于近3000年前的《奥德赛》也为食品历史学家提供了一个早期奶酪生产的精彩细节。虽然主人公的英勇行为和精彩的冒险故事迷住了学龄儿童们，但对于我们这些爱好食品和农业历史的人来说，古代关于牧羊人和"独眼巨人"的描述也同样令人激动：

> 我们很快就到了"独眼巨人"的山洞。他正在外面放牧，因此我们就大胆闯入。我们不断打量着能看到的一切。奶酪架上放满了奶酪，羊圈里装满了羊羔。羊羔被分开饲养：首先是1岁以下未剪毛的羊，然后是年长一些的小羊，最后是非常小的羊羔。它们彼此分开。挤奶的所有容器，比如碗和奶桶里都有乳清……他把所有需要挤奶的母绵羊和母山羊都赶进屋里，把公羊都留在外面的院子里……完成这些工作后，他就可以坐下来给羊挤奶了，所有工作都按部就班，之后他会让这些羊去照顾小羊。他把一半的羊奶凝结起来，放在柳条滤网里，另一半则倒进碗里，在晚饭时喝。[9]

尽管《奥德赛》描绘了公元前8世纪希腊人养殖羊的精彩画面，成为现存最古老的西方文学作品之一，但生活在仅仅几百年后的铁器时代部落却一直未能留下完整的书面文字。考古学家只能从他们留下的物品中尝试解读这些非凡之人的行为动机，理解他们面对的恐惧和集中关注的问题。在挖掘铁器时代的文化意义时，最让人困惑且最具挑战性的问题就是：为什么他们要献祭包括人和羊在内的这么多活物？虽然在凯尔特人出现的时候，对动物和人类进行仪式性杀戮肯定不是什么新鲜事，但这似乎是他们日常生活中的普遍现象和核心。

我们已经知道，羊是凯尔特人日常生活和经济生活的重要组成部分。这些被驯化的动物在日常生活中发挥了非常重要的作用，因此也就最有可能在神圣的仪式上发挥特定作用（也就是与其他农家最爱的动物一起发挥祭祀功用，比如马、狗、猪）。祭祀要求祈愿者必须付出一定代价，否则仪式就失去意义。如果想向善变的神灵祈求恩惠，或者想保护自己免受邪恶力量的伤害，你自己或整个社区就需要为这些请求付出一定的"报酬"。因此，献祭一只羊，不仅意味着失去一只动物，还意味着失去所有潜在的羊毛、羊奶、粪便、奶酪和未来的羔羊，这些都是被献祭的动物原本可以带给你的价值。

在铁器时代的英国和更远的地方，羊类祭品的形式也非常多样，当然似乎也很少有不需要举行这种可怕仪式的地区。献祭羊的目的可以出于感谢，例如为了丰收或者为了疾病的康复。生育仪式也需要祭品，通常是用羊羔或怀孕的羊。它们也可以用来占卜，例如用动物身体的一部分预言未来（罗马设立了"内脏观察者"的官职，根据羊类祭品的内脏来预测未来），或与神灵沟通。

羊会被扔进空的粮坑或水井中作为感谢的礼物，在巨大的仪式盛宴中被参与者们吃掉。羊还有可能与它们的主人合葬，作为葬礼的一部分，又或者作为"供品"献祭给去世之人。有趣的是，当时的人们在日常生活中爱吃坚硬的老羊肉，但在墓葬仪式上人们往往会选择小羊羔，因为"死者喜欢它们鲜嫩的肉质"。[10]

绵羊祭品最吸引人的用途之一是作为"地基祭品"（foundation offering），即把动物放在建筑物的墙壁或地板下供奉神灵。在某些情况下，祭品使用人类而不是绵羊。而且有充分的证据表明，铁器时代存在将全尸或部分肢体故意埋在建筑和城墙下的情况。[11]大多数情况下，祭品会选择动物，并且会埋在重要的方向和位置，来为新建筑带来好运。当一座房屋或其他重要建筑达到使用年限时，也会使用类似的祭品，称为"终止祭品"（termination offering）。

令人惊讶的是，这一传统持续了很久，在欧洲甚至持续到了中世纪早期。例如，人们在伦敦特里格巷（Trig Lane）的地下发现了两块可以追溯到14世纪的羊下颚骨，它被专门用作地基祭品进行献祭。*

新发现不仅为考古学家打开了新奇的思路，往往也推翻了一

---

* 在同一地点还发现了一副眼镜。这副眼镜制作于1435年，是迄今为止在英格兰发现的最早且最完整的眼镜。

些自古以来的说法。有一个特别引人注目的例子，出现在多塞特郡的温特波恩-金斯顿（Winterborne Kingston）附近的一个铁器时代遗址中。虽然古希腊和古埃及文化长期以来盛行将不同的动物拼接和埋葬在一起，以"印证"神话中杂交兽这种令人胆寒的"动物"，但我们从未想过古英国人同样对这种仪式感兴趣。

就像时常发生的情况那样，考古学再一次丢给了我们新发现：在一个铁器时代的定居点，当地的考古人员发现了一些有意重新排列来组成奇特生物的骨头遗址。这些"组合"一半是一种动物的骨头，一半是另一种动物的骨头。在这些怪异的生物组合中，有马牛组合、狗牛组合、羊牛组合。其中一只用来献祭的羊有两个头——一个是原本的头，另一个是公牛的头。还有一个用来献祭的年轻女人，她躺在用动物骨头（包括羊骨）做成的床上，这些骨头在形状上模仿了死去女人的骨架。遗址中大多数祭品的年代为公元前1世纪，被发现时放置在该遗址的房屋入口处。这个场景使考古学家得出一个结论：这可能是一种有关人员退役或事物终止使用的仪式，目的是感谢那些已经"超期服役"的人或物。[12]

人们很容易将这种看似奇特的做法直接归入古代历史。然而，在相对较近的时代也不难找到有关奇特祭祀仪式的记载。马恩岛的当地作家索菲亚·莫里森（Sophia Morrison）在1910年出版了《马恩岛的祭祀习俗和其他迷信》(Sacrificial Customs and other Superstitions in the Isle of Man),在这本书中,作者收录了岛民的回忆:"A.W.莫尔(A. W. Moore)先生……提供了关于马恩岛的回忆。他……介绍了1880年尤尔比(Jurby)教区举行的燔祭(oural losht)活动。他说,即使在刚过去的5年里也有过几次献祭活动……如果没有证据表明这些羊是在五一节前夕或五一节被焚烧,人们自然认为这种祭祀仅仅会发生在过去的时代。"

索菲亚继续写道:

> 马恩岛人有时会把羊的"幸运骨"*放进钱包里。昨天一个年轻女人在我面前不小心从钱包里掉出一根幸运骨。骨头的形状像雷神的锤子。有人告诉我,如果旅行者在十字路口迷路不知道该走哪个方向,他就把羊的幸运骨扔在面前,然后沿着"锤子"末端所指的那条路走就行。[13]

世界各地的穆斯林仍然重视用绵羊祭祀这件事,并且认为这是他们每年展示信仰的重要时刻。宰牲节(Eid al-Adha)也叫"祭祀节",在神圣的都尔黑哲月(Dhu al-Hiijah)的第十天举行。这是一个古老的传统节日,为了纪念亚伯拉罕在真主的要求下自愿

---

* 注:羊脑中一个"T"字形的骨头——编者注

杀死自己的儿子以实玛利用来献祭的这个故事。幸运的是在这个故事中，真主进行了干预，阻止亚伯拉罕真的将儿子献祭，改用一只绵羊代替了以实玛利。今天，人们会献祭绵羊（或山羊、奶牛、骆驼等动物，取决于当地的传统）来纪念这个故事，不仅是为了纪念亚伯拉罕的奉献精神，也是为了提醒人们不要过于重视物质财富而牺牲精神财富。仪式后人们会将宰杀的动物分成三份：一份给穷人，一份给朋友和亲戚，一份给直系亲属。

我们也要感谢铁器时代的祭品（特别是沼泽里的尸体），让我们对古代毛纺织品及其制造和贸易有了一定的了解。这些可怕但又迷人的祭品"制作"于公元前800年至公元200年之间，这些人在北欧的湿地中被杀害和抛掷，作为一种仪式，却也留下了有关古代生活方式的线索。沼泽地的尸体保存得异常完好——由于泥炭沼泽呈酸性，含氧量低，这些可怜人的皮肤、头发和毛线衣服有许多都保存得非常完整。

沼泽地中的几具尸体都显示了死者特别惨烈的结局：喉咙被割破，头部被绞碎，脖子上被套上绳索。这使得许多历史学家和考古学家得出结论：受害者可能是奴隶、罪犯或囚犯。古罗马历史学家塔西佗支持这一观点，他在公元98年写道："不同的罪行使用不同的刑罚。叛徒和逃兵被吊死在树上；那些让身体蒙羞的人被盖在柳条下，淹死在泥沼中。"[14]

然而，并非所有的考古学家都认同这一点。最近的研究提供了另一种观点,至少对沼泽地中的一些尸体有了新的解释。沼泽中的一些受害者或许并不是被遗弃者或罪犯,而是部落中的杰出成员,甚至可能因为声望较高而被选中献祭。被选择献祭可能是一种荣誉,一些受害者可能出于一种荣耀自愿进入水中坟墓。

沼泽地尸体所穿的一些毛线衣服展现了铁器时代人类的生活细节,其中有一些发现特别令人惊奇,一个典型案例就是哈尔德莫斯(Huldremose)女尸的衣服。哈尔德莫斯女尸于1879年发现于丹麦的沼泽,距今已有近2000年的历史了。从尸体上看,这个女人身着格子毛线裙和围巾,披着两件羊皮斗篷,极尽奢华的打扮让人赞叹。丹麦国家博物馆曾详细地描述过她的衣服:

> 这条裙子用一根细皮带扎在腰间。一条围巾绕在妇女的脖子上,用一枚鸟骨头制成的别针固定在左臂下。她的上身披着一件用几张深棕色羊皮做成的斗篷,领子用浅色羊皮制成。皮斗篷的羊毛部分向外翻转。在这件斗篷的下面是另一件斗篷,羊毛的一面朝里,用11块深色羔羊皮制成。下面这件斗篷看上去使用了很多次,上面缝了22个补丁……女人的长发用毛线捆起来,毛线在她的脖子上也绕了好几圈。此外她的脖子上还系着另一根毛线,上面挂着两颗小琥珀珠子。

哈尔德莫斯女尸服饰中羊毛和羊皮的分析也给考古工作带来了一些麻烦。一些事实推翻了我们对铁器时代人类的认知。长期以来，流行的神话故事强化了古代部落身着野生毛皮和单调素色衣服的形象。事实并非如此。哈尔德莫斯女尸身上大部分的动物皮毛都来自驯化后的动物，而且从使用的动物数量来看，这也是一笔不小的开支。她的两件斗篷至少使用了14只羊的皮，罪犯或地位低下的人不可能达到这种财力。

她的衣服颜色也很鲜艳，使用了红色和紫蓝色的染料，价格昂贵。纺织科学家们已经确定，我们铁器时代的祖先可以通过一些方式得到绚丽的色彩：比如黄色来自淡黄木樨草（weld）、菊科麻花头（saw-wort）、金雀花（broom）、春黄菊（chamomile）以及沙棘浆果（buckthorn berries）；蓝色来自菘蓝（woad）；红色来自松叶草（lady's bedstraw）、染料车叶草（dyer's woodruff）和茜草（madder）；紫色来自地衣；黑色来自丹宁（tannin）。[15]

最近一项针对哈尔德莫斯女尸的化学分析让研究人员发现了另一个惊喜：她的毛线衣服并不是在当地制作的，可能是在几英里外的瑞典北部或挪威制作的。研究人员还可以看出，她在死前曾到处旅行过。我们永远也不会知道，为什么一个身着精美毛衣和珠宝的40岁旅行者会被用来献祭，被小心翼翼地捆绑着双臂放进沼泽。有一种观点是，她可能被入侵其领土的掠夺者当做人质；另一种理论是，她是一个有声望的人，拥有特殊地位所以需要各处旅行。目前我们唯一能确定的是，2000年前，一个小规模的农业社群觉得有必要献祭一位重要的女性，并将她的尸体和宝贵的毛线衣服沉进沼泽。即使如此，面对这种极端的暴力行为，也很少有旁观者会表示同情，哪怕只是眨一下眼睛，包括铁器时代的绵羊们。

5

押韵
和荒谬的治疗

Rhymes and
Ridiculous Cures

流浪汉、
黑羊和错误的星座

羊改变了我们的语言。这种动物已经成为我们的日常语言和迷信中的一部分，还出现在很多地名和诗歌中。我们会把人形容为"死羊眼"（dyed-in-the-wool conservative，直译为"染了色的羊毛""顽固派"）或"披着羊皮的狼"，我们给孩子们唱"咩，咩，黑羊"，还要时刻小心不要被骗子"薅羊毛"（fleeced）。

然而，在使用这些词语时，我们很少会细想它们的出处。例如，"伪劣"（shoddy）一词在当下作为形容词，用来描述一些糟糕的东西，但它曾经指的是用回收的羊毛制成的纱线：这种纱线是将羊毛材料的破布切成纤维后与少量的新羊毛混合后制成，价格廉价，也被称为破布羊毛。"提心吊胆"一词（tenterhooks，有时被误写为 tenderhooks），可以追溯到一种木架（名为 tenter），人们将湿毛布拉到这种架子上进行处理。将湿毛布用钩子固定住，这样布就能彻底晒干，还不会收缩。顺着这些语言遗迹的线索你就会发现，在过去的欧洲，绵羊、羊毛和牧羊人正是社区及其生活方式的焦点。

5 押韵和荒谬的治疗

接下来让我们从一个古代流传下来习惯开始说明。这个习惯鲜为人知，有趣又古怪，被称为"牧羊人计数"（Yan Tan Tethera）。这是一种古老的计数方式。今天，英格兰北部、威尔士地区、西南部*的部分地带和苏格兰低地的一些牧民仍在使用这种计数方式。该系统为二十进制（vigesimal，也就是base-20）。这个系统止于20——牧羊人数到20，就会以某种方式做个标记（或许是在羊角上打一个缺口，或者在地上放一根棍子），然后再从1开始数。

从语言学的角度讲，这种构词方式的语法起源已无从考证，但一些学者认为它可能起源于布列塔尼语（Brittonic 或 Brythonic），即铁器时代的一种语言，是当今的威尔士语、康沃尔语和布雷顿语的源头。各个地区的单词略有不同，但它们都有显著的相似之处。林肯郡的版本是这样的：

Yan（1），Tan（2），Tethera（3），Pethera（4），Pimp（5），Sethera（6）。Lethera（7），Hovera（8），Covera（9），Dik（10），Yan-a-dik（11），Tan-a-dik（12），Tethera-dik（13），Pethera-dik（14），Bumfit（15），Yan-a-bumfit（16），Tan-a-bumfit（17），Tethera-bumfit（18），Pethera-bumfit

---

* 这是一个地区专有名称，同前文——编者注

（19），Figgot（20）

10以上的数字使用较小的数字加以组合。所以11是"Yan-a-dik"（1和10）——原理十分简单，大声说出来时也很有节奏感。所以，存在"Yan Tan Tethera"的编织歌曲和游乐场计数游戏也许就不奇怪了。"Yan"现在仍然作为约克郡方言中的"一"字而被普遍使用。把数字加在一起形成新意义，这种表述方式本身就有很多乐趣。例如，谁会想到一个皮条客加一个混蛋等于一个流浪汉[*]？

另一个例子当然是孩子们最爱的儿歌"咩，咩，黑羊"。

咩，咩，黑羊，

你有羊毛吗？

有的，先生，有的，先生。

满满三袋：

一袋给主人，

一袋给夫人，

一袋给住在巷子里的小男孩。

---

[*] 此为双关，pimp 既有"5"的意思也有"皮条客"的意思，dik 既有"10"的意思也有"混蛋"的意思，而 bumfit 一词在"二十进制"里表示"5+10=15"，这个词同时也有"流浪汉"的意思——译者注

5 押韵和荒谬的治疗

多年来,除了最后一句,这首儿歌的歌词几乎没有变化,而正是最后这句话可能提供了关于这首儿歌原始版本的线索。这首儿歌在18世纪中叶出现在《鹅妈妈的旋律》(*Mother Goose's Melody*)一书中,早期版本的最后一句是"就是不给巷子里哭泣的小男孩"。有一种解释是,这首儿歌的历史比我们想象的要更久远,甚至可以追溯到13世纪晚期。[1]

咩,咩,黑羊,
你有羊毛吗?
有的,先生,有的,先生。
满满三袋:
一袋给主人,
一袋给夫人,
就是不给巷子里哭泣的小男孩。

13世纪末,国王爱德华一世开始对羊毛征收巨额税款。他需要筹集资金来对抗法国人。而英国的羊毛贸易在当时非常繁盛(我们将在后文讲到),自然也就成了剥削的目标。表面上,政府的计划是直接占有全国所有的羊毛库存,没收之后"安全保管",这样它们就不能出口到法国了。实际上,政府计划自己出口羊毛并保留利润。

羊毛商人当然很愤怒，他们纷纷站出来强烈抗议。为了平息羊毛商人的怒火，爱德华一世取消了没收计划，转而决定对每袋准备出售的羊毛额外征税。这种税被称为"马尔托尔特"（maltolt），或"坏税"。国王为这一税种狡辩，称他正冒着生命危险打仗，而"懂得感恩的臣民应该愉快地支付这笔税款"。[2]但羊毛商人的看法截然不同，莫名其妙要为自己的羊毛支付如此高的税款，让他们感到愤怒，于是他们将成本转嫁到羊毛农身上，迫使农民们接受羊毛商人低价收购羊毛。

因此，"咩，咩，黑羊"童谣指的可能就是这一困难时期。当时的羊毛税非常高，只有"主人"（国王）和"夫人"（商人）能从这个行业中赚到钱，而"哭泣的小男孩"则代表那些空手而归的羊毛农。

原文中将"黑羊"（black sheep）作为诗眼解释起来比较复杂。几个世纪以来，人们对黑羊既喜爱又厌恶。对于羊毛产业而言，白羊群中的黑羊是个不折不扣的麻烦。黑羊毛很难染色，因此黑色羊毛如果当做原料则会造成一定的经济损失。野生羊的皮毛颜色通常是身体部位毛色深，腹部毛色浅。因此，几个世纪以来，牧羊人会首选统一的白色羊，这样的白羊毛容易染色。不过，白羊中的深色羊毛基因并没有消失，只是变成隐性基因。换句话说，羊群中的某只白羊可能携带黑色羊毛的基因，但你无法分辨到底是哪只，只能等它产下一只黑色羔羊。[3]

5 押韵和荒谬的治疗

白羊群中出现黑羊一定会让古代牧羊人抓耳挠腮，并对大自然的魔法感到困惑不解。因此，黑羊成为迷信和民间奇特疗法的研究对象也就并不奇怪了。早期关于黑羊有治疗"魔力"的说法出现在一本古法语的妇女民间信仰文集中。该文集在1507年左右被翻译成英语，名为《残卷福音书》(Distaff Gospels，古英语书名为 Gospelles of Dystaues)。其中谈到了治疗天花的方法，就是用黑羊皮包裹自己："如果女人得了天花，那么她的丈夫就得在当年给她买一只黑羊羔，把羊宰杀后，用黑羊皮把她包裹起来。丈夫需要朝圣，并向圣拉德贡德（Saynt Arragonde）[*]祈祷，这样女人就会痊愈。"[4]

在这本《残卷福音书》面世将近400年后，人们仍然在外赫布里底群岛使用类似的"疗法"。例如，当病人被关节疼痛折磨时，治疗师会将一只活的黑羊放在病人的风湿肢体上。[5]

各种民间传说的记录显示，当时的人们对黑羊的态度相当分裂。根据19世纪末的记录，萨塞克斯郡的牧羊人将黑羊视为吉兆，会为其羊群带来好运，而海对面的爱尔兰人认为"如果当季出生的第一只羊是黑色的，那就预示着这个家庭在一年内会穿上

---

[*] Saynt Arragonde 是 Saint Radegonde 的错误拼写，她是六世纪的图林根公主和法兰克女王。在离开虐待她的丈夫克洛泰尔一世（Clotaire I）后，她在法国普瓦捷创建了圣十字修道院。她是法国和英国几所教堂以及剑桥大学耶稣学院的守护神，同时也被奉为某些治疗祷告仪式中的神，人们向她祷告，希望治疗发烧、疥疮、麻风病、溃疡等疾病。她也是不幸婚姻的守护神。

丧服"。在肯特郡，黑羊预示着羊群会有好运，而在奥克尼郡人们则认为"当季第一只黑羊是不吉利的"。⁶

无论好坏，黑羊在羊群中都十分抢眼，这也解释了"家中黑羊"这一短语的由来（即一个群体中令人失望或任性的人）。这种语义，在不同的语言中都有相似的表达：如意大利语中的"la pecora nera"，德语中的"das schwarze Schaf der Familie"，法语中的"brebis galeuse"和"mouton noir"，冰岛语中的"svartur sauður"等等。还有一些有趣的地区变体，克罗地亚人说"Da vidimo čija majka crnu vunu prede"，意思是：让我们看看谁的母亲在纺黑羊毛，也就是"让我们看看谁家有坏小孩"的意思。具有讽刺意味的是，拥有绵羊最多的国家——中国——并不这么说，同样的意思在普通话的对应表达是"害群之马"，也就是"给马群带来麻烦的马"。

羊在中国的神话和庆祝活动中举足轻重。中国的十二生肖由12种动物组成，每种动物都有其独特的性格。这个古老的分类系统可以追溯到公元前5世纪，该系统认为人的命运可以由出生时的星象决定，包括行星、月亮和太阳的位置。

在中国，每一年对应一种动物。这些动物在一个12年的有序周期中依次排列：鼠、牛、虎、兔、龙、蛇、马、羊、猴、鸡、狗、猪。十二种动物性格迥异，据说在某些年份出生的人都会拥有某种性格。在过去的100多年里，"羊年"有1907年、

5 押韵和荒谬的治疗

1919年、1931年、1943年、1955年、1967年、1979年、1991年、2003年、2015年。据说羊是一个以随和但可能过于温顺为主导性格的属相。在中国文化中,人们会刻板地认为出生在羊年的人热爱和平、温柔、耐心,但有些胆小,害怕领导,容易抱怨。

令人困惑的是,"羊年"在英文里有"Year of the Goat"(山羊)和"Year of the Ram"(公羊)两种说法。汉语中的"羊"指的是羊亚科动物(caprinae),包括绵羊、山羊、北山羊等有蹄类的动物。越南语中的"Dê"明确指山羊。日语中的"ひつじ"指绵羊。不过,无论如何解释,这些动物的性格特征在东方文化中仍然明显指向被动和自卑。那么,这与西方的对应物——白羊座(Aries)有多大区别呢?对于占星术的爱好者来说,白羊座(公羊座)的人据说都很刚愎自用、冲动、不安分,他们是天生的领导者,有钢铁般的意志,但不够敏感。

有趣的是,西方的黄道十二宫星座里采纳了公羊头脑发热、阳刚的特点,没有采纳绵羊的平和气质。白羊座的形象常常被阐释为公羊,但这需要发挥超常的视觉想象力。为了找到这个星座起源的线索,我们需要了解西方的十二星座是最初如何产生的。

生活在三千多年前的巴比伦人想弄清楚地球、太阳和星星如何在天空中移动。他们想象出了一条从地球出发、穿过太阳、然后进入星空的直线。这条线会在一年中的不同时间指向不同的星座。他们最初将一年分为13个星座,后来改为12个(因为这与他们当时12个月的日历相吻合），每个星座都由一个神话人物代表。

白羊座的星座代表起初并不是羊，在巴比伦的文本中被称为"雇佣者"。虽然不清楚这个人什么时候被替换成了公羊，但这可能与宗教的治疗仪式有关。巴比伦时代的祭司会根据你的星座来决定在治疗仪式中使用哪些成分的药物——对"雇佣者"星座的人，其治疗措施就包括用"羊血、羊脂和羊毛"进行涂抹。[7]同时，白羊座也可以在春分时节看到。春分被视为春天的开始，也是生命复苏和重新生长的时节。选择公羊作为一年中春分时节的代表最为合适，因为公羊是生育、重生和力量的有力象征。

即使很多人不信星座，但大多数人都知道自己的星座。但另一方面，很少有人知道，自从黄道十二宫在几千年前被首次设计出来后，星座的位置实际上已经发生了偏移，这是由一种被称为"进动"（precession）的天文学异象所导致的结果（与地球在其轴上的摆动有关）。因此，你"真实"的星座可能已经不是你认为的那个。例如，白羊座的人据说出生于3月21日到4月20日之间——因为这是古代占星家可以看到白羊座的日子。如今在那几天，太阳的方向已经不再指向这个星座，相反，白羊座出现在4月18日到5月13日之间，比过去晚了一个月。你以为自己是一个不守规矩、喜欢惹麻烦的白羊座？其实你是个感性的双鱼座。

随着时间的推移，母羊和公羊的不同特征已经进入了常用语范畴。"母羊"和"绵羊"这两个词是可以互换的，它们都描绘了一种温柔的生物，喜欢安静和沉默。相比之下，公羊总是代表着蛮力、冲动和阳刚。例如，"sheepish"这个词可能来自13世纪的古英语单词"sceaplic"，意思是"像羊一样"。早在17世纪90年代，这个词就以"sheepish"的形式被记录下来。我们用这个词来表达害羞或羞于露面的意思。一些短语和单词，如"battering ram""to ram"或"rammed"，根源在于名词"ram"（公羊）。"ram"是一个有趣的词，有着神秘的词源——在原日耳曼语（公元前500年后在北欧部分地区使用的语言）中，"rammaz"的意思可能是"强壮有力"，但也表示"臭味很大"。目前还不清楚公羊（ram）这个名词来源于蛮力还是不良的"个人卫生"。有趣的是，苏格兰人至今仍然用这个词来表示刺鼻的气味。

有些短语在近代已经不再使用了。对某物或某人投以"羊眼"（sheep's eye）是指给予一种欣赏或渴望的目光；"咬羊的人"（sheep-biter）指的是狡猾的、偷窃的人。在莎士比亚的《一报还一报》（*Measure for Measure*）中，轻浮的卢西奥要求公爵展示他的"咬羊脸"（sheepe-biting face，意思是凶狠诡诈的脸），这种表达源于"会惊吓或者撕咬羊的狗"。而"卖羊肉的"（mutton-monger或muttoner）是一种淫秽的侮辱性说法，在16世纪到19世纪之间被用来描述淫乱的男人。还有种基于"羊肉"（mutton）

的俚语用法，意思是妓女。我们今天依然使用"像羊肉一样装嫩打扮"（mutton dressed as lamb）这个恶毒的短语来形容一个穿着年轻人衣服的老女人，但已经不会意识到最初它在性方面的双重含义。

"不要因为价值半便士的焦油而糟蹋了羊"，这句俗语中的"羊"（sheep）经常被误用为"船"（ship），但这并没有影响这句话的含义，意思是不要让小气破坏已经取得的成绩。这句话从16世纪初就经常出现，例如"一个人不会因为价值半便士的焦油而失去一头猪（一只小羊）"，[8]这句话中的"焦油"是牧羊人用来治疗羊身上疮和伤口的家用药。这是一个令人愉快的巧合，因为这句话同样适用于给船只涂抹柏油以使其防水的场景，但"羊"是最初的表达方式。

事实上，这个错误的引用也有可能源于"船（ship）"本身是"羊"这个词的早期写法。在英国有数百个地名以"Ship-""Shap-""Shep-"或"Skip-"开头，都和羊相关，其中大多数是盎格鲁-撒克逊和维京时代的文化产物。例如，在约克郡，有"Skipton"（意为"羊城"）、"Skipwith"（羊场）和"Shipley"（羊群的空地或草地）等词汇，而这只是其中少数几个例子。在萨默塞特，有"Shepton"（绵羊农场）、"Shapwick"（绵羊村）、"Shipham"（绵羊之家）和"Shiplate"（绵羊流动）等词汇。

还有很多其他的词在头脑造词时喷涌而出：肯特郡的地名

"Shipbourne"也有"绵羊流动群"（sheep stream）的意思；莱斯特郡有"Shepshed"（羊岬）这个词；而"Sheppey"岛这个名字的含义就是"绵羊岛"。[9]其他来源于"羊"的词也悄悄地进入了地名中：约克郡的"Wetherby"（公羊场——农民仍然用"wether"来表示被阉割的公羊）、"Woolwich"（羊毛交易的地方）、埃塞克斯郡的"Easter"（来自古英语"eowestre"，意为"羊圈"）。"Easter"这个词也出现在奥斯特里地区的语言中，意思是"空地或草地上的羊圈"。具有讽刺意味的是，多塞特郡的"Wool"是一个听起来最像"羊"的地方，但它却与羊毫无关联，而是来自古英语词汇"wiell"，指一种泉水。有些地名中的"羊"很隐蔽，比如诺森伯兰郡的"High Boughthill"（"bought"是"羊圈"的意思）、奥克尼岛西海岸的"Billia Croo"（"croo"指"羊圈"）、苏格兰边境的"Hog Hill"和"Hog Rigg"（"Hog"是"小羊"的意思）、阿伯丁郡的"Shiels"和诺森伯兰郡的"Shepherdshield"（shiel或shield是牧羊人的避暑小屋），以及邓弗里斯和加洛韦的"Wedder Law"（wedder与wether意思一样，都是指被阉割的公羊）。[10]

"用钩子"（by hook or crook）的意思是不择手段来达到某种目的，这个短语也可能与羊有关。在中世纪早期的英格兰，当土地被茂密的树林覆盖时，封建领主会批准平民从森林中收集木柴（我们将在本书后面的部分发现更多关于此类公共土地的内容）。

据说人们被允许在"钩子"所能触及的范围内砍伐树枝——现在所说的钩子（hook）指钩镰（一种弯刀），而另一种钩子（crook）是牧羊人专用的钩子。[1]这句话最早出现在1380年。在约翰·威克里夫（John Wycliffe）的《争议手册》（*Controversial Tracts*）中，他写道："……用钩子强迫人们购买所有这些东西……"*现藏于牛津大学伯德雷恩图书馆的13世纪手稿《圣伯纳语录》（*The Sayings of Saint Bernard*）中描述了对教徒提出的关于撒旦的严厉警告，其中撒旦的手经常被描绘成钩子。

> 他想得到你心脏的血；小心他的钩子！
> 现在就按我说的做。
> 三个撒旦都会被他们自己的钩子打败。

约翰·雷（John Ray）在1678年出版的《英国谚语集》（*A Collection of English Proverbs*）中提到了一些奇妙而陈旧的口头禅，都和绵羊有关，其含义即使对现代读者来说也并不总是很明白。"宁为泼妇不为羊"（Better be a shrew then a sheep）的意思是"与其做一个温顺的妻子，不如做一把战斧"；"齐齐薅羊毛，绵羊没毛剩"（Where every hand fleeceth the sheep goes naked）是

---

* "……compellen men to bie alle þis wiþ hok or crok……"，此处为拉丁文

对集体贪婪的警告；听起来很可怕的"就算羊腐烂了，还有羊皮和羊毛"（He whose sheep die of the rot, saves the skins and wool）相当于"黑暗中总有一丝光明"（every cloud has a silver lining）；而特别生动的谚语"像羊一样匆忙，尾巴一竖起，羊粪就出来了"（As hasty as a sheep, so soon as the tail is up the turd is out）可能指特别匆忙地做某件事，结果没了好形象。

在雷的书中，有许多17世纪的智慧之语与外国版本的短语一起出现，由此来看有关羊的谚语显然是跨越国界的。例如，不言自明的"把自己变成羊的人将被狼吃掉"，在意大利语和法语中都有对应的版本。（意大利语版本为"Chi pecora si fa il lupo la mangia"，法语版本为"Qui se fait brebis le loup le mange"）[12]

另一个著名的短语"披着羊皮的狼"——一个在仁慈的外表下隐藏着恶毒意图的人——有着特别悠久的历史。它出现在《新约》的《马太福音》7：15中，是耶稣山上宝训（Sermon on the Mount）的一段。詹姆士国王钦定版《圣经》中说："你们要防备假先知。他们到你们这里来，外面披着羊皮，里面却是残暴的狼。"但文中还是认为人们有机会识破这些假先知，因为这些假先知会通过行为暴露出真面目。*

---

* 圣经原文为："凭着他们的果子，就可以认出他们来。"意思是："通过他们行为的结果，你们将识破他们。"

不过上面的这句话经常被错误地认为来自《伊索寓言》。《伊索寓言》是一本写于古希腊的古老作品,成书约在公元前6世纪末,但里面确实讲述了大量关于羊和狼的故事,描绘了它们之间令人不悦的关系。"狗、狼和羊"是一个关于做假证的警示故事——狗错误地指控羊做了偷窃之事,而狼则支持狗的说法,羊被认定有罪,但最后死的是狼。这个故事的寓意是,说谎者最终会受到惩罚。"狼和牧羊人"的故事是对虚伪者的精辟警告,正如文学家普鲁塔克(Plutarch)所复述的那样:"狼看到一些牧羊人在棚子里吃羊,便靠近他们,声称:'如果是我在吃羊,会引起你们多大的骚动啊!'"[13]另一个"狼和羊"的故事情节非常粗暴且结局相当令人沮丧:狼想吃羊,它为自己辩解并列举了羊在其短暂一生中做过的所有错事。小羊抗议,辩解自己是清白的,但狼最终还是吃了它,并为自己的行为找到了更多借口。人们认为这个故事的寓意是,坏人总会为自己的恶行寻求开脱。

心怀恶意之人有时会狡辩:"为羊被绞死还不如为羔羊被绞死(Might as well be hanged for a sheep as for a lamb)。"这句话的意思是说,如果你可能因犯罪而被抓,不妨为更大的好处铤而走险。这句话在不了解其历史背景的情况下也能说得通,但显然在这句话出现的时代,即使最轻微的罪行也可能上绞刑架。

有句话在17世纪约翰·雷的书中出现时已经在民间语言中流传得很广泛了:"老羊和小羊一样容易被吊死。"在雷提笔写书

5 押韵和荒谬的治疗

的时候，英国已经有50种足以将人处死的罪行了。到1776年，这一数字翻了两倍。死罪的范围从谋杀和叛国等严重罪行到十分可笑的罪行，包括伪造文书、破坏威斯敏斯特桥、与吉卜赛人交往、砍伐树木、晚上涂黑脸出门和抢劫兔舍等等。

偷羊这件事也在清单之上。实际上，罪犯是否会被绞死，取决于法庭的情绪和法官当天的仁慈程度。1801年8月7日星期五，林肯郡《斯坦福信使报》(Stamford Mercury)的一则新闻报道显示了法庭裁决的反复无常：

> 约翰·埃克斯顿（John Exton）和安·贝克（Ann Baker）——因从斯特雷顿的怀尔斯先生那里偷羊而被判刑进入奥克汉姆监狱的两名囚犯——于上周一被处决。他们都承认了自己的罪行，并在狱中表现良好。那个男人对判决结果很满意，没有沮丧；但那个可怜的女人却很难过。上周五，又有3名偷羊者，名为泰尔斯（Tyers）、纳特（Nutt）和巴菲尔德（Barfield），在巴菲尔德自己的指控下，他们被送入了奥克汉姆监狱……

英国最后一个因偷羊而被绞死的人是约翰·克拉克（John Clarke），他是一名44岁的屠夫，同时也是4个孩子的父亲。他被指控从当地的田地里偷了两只羊，并且治安官还在他的店里还找到了羊的尸体。虽然克拉克上了绞刑架,但他坚持说自己只是发现了羊群在路上游荡。即使如此,法官和陪审团依旧判他有罪。1830年3月19日,他在林肯城堡被绞死。《斯坦福信使报》再次现场报道了这一幕:

> 乡下人的好奇心从清晨开始就躁动不安,许多愚蠢的父母以"吓唬他们守守规矩"这种无力而又近乎虚伪的借口,送来了成群的男孩女孩围观这场可怕的处刑。死刑的准备工作太过无聊,没有给大部分瞪大眼睛翘首以盼的观众留下什么印象。孩子们有的在扔橘子,有的在城堡的沟渠里跑来跑去。大家都在开玩笑,举止轻浮。终于,那些足够高的人大喊着让大家来看,人们看到一支可怕的长队在城堡的院子里移动,四面八方响起"他们来了,他们来了"的呼声,就像斗牛、拳击比赛或赛马宣布开始时那样。

仅仅两年后,偷羊判处绞刑的做法就被废除了,这对克拉克的家人来说肯定是一种残忍的安慰。

6

波比先生和波比太太[*]

Mr and Mrs Bo-Peep

招募牧羊人、
腹胀的羊和献祭一只公羊

---

[*] "波比"是"Bo-Peep"的译称,代指"牧羊人"这个职业。

吃草是一项复杂的工作。为了摄取足够的营养，绵羊会连续吃8—10个小时的草。它们吃得很快，就像吃午餐的小学生一样，只简短地咀嚼一下就吞下去了。但随后艰苦的工作才真正开始。当草在它们的胃里待了大约1个小时后，它们会把草返回嘴里，并开始一口一口仔细咀嚼，最多可达50次。在做这些事时，它们往往会找个安静的地方坐下。这就是"反刍"。

反刍的习惯对牧羊人和绵羊都有影响。其一，绵羊进食很快，饲养需要大片土地，一旦草场耗尽就必须立即转移。其二，绵羊一天中的大部分时间不是低头吃草就是坐着反刍，因此很容易受到捕食者的攻击。野生羊的任何防御措施（如大角），或者是自然选择或者被人为设计，都已被驯化的羊群淘汰。绵羊唯一的防御机制是它们能够成群结队，使捕食者难以抓住落单的羊。

研究表明，不同品种的绵羊有不同的群居倾向。有些绵羊，如美利奴羊，喜欢蜷缩在一个紧密的群体中，始终保持一种和其他羊待在一起的状态。有些品种，如无角短毛羊（Southdowns），在采食时会分成许多较小的羊群，但在休息时又会聚成大群。

而有些品种，如多塞特角羊（Dorset Horns）或苏格兰黑面羊（Scottish Blackfaces），可以愉快地在小群体中度过大部分时光，甚至可以自己独自吃草。这些不同的群居系统可能因羊群多年来居于不同的栖息地而形成，毕竟某些品种的羊更容易受到捕食者的威胁。但令人惊讶的是，羊往往坚持同一种类相互群聚：把不同品种的羊混在一起时，它们就像学校迪斯科舞厅里的男孩和女孩混在一起时的样子，会自然分开形成自己的团体。

无论如何，我们对羊的驯化产生了一个新职业，即牧羊人。人们认识到，必须有人看管这些不守规矩、四处游荡的资产，保护它们不受小偷、狼、熊和其他掠食者的侵害，并把它们带到新的牧场。从考古学上看，牧羊人显然是一个很古老的职业。5000年前，当石器时代英格兰地区的人拖动巨大的石头排成巨石阵并开始放牧时，在同时代的中东地区，城市化已经开始了。那里的城市已经沿着底格里斯河和幼发拉底河发展起来，车轮和文字已经出现，陶工和建筑工人都在攀登工艺和创造力的新高峰。

文明正在飞速发展，这在很大程度上得益于绵羊和羊毛所带来的财富。我们所掌握的最早的牧羊人图片之一就来自这个时期。大英博物馆收藏的一枚圆筒形印章（一种个人身份印章）上面画着一个大胡子牧羊人。他身穿条纹长袍，手持鞭子和杖。他的旁边还画着他的"职业工具"——一只牧羊犬、一个羊圈和一些看起来像是在阳光下晾晒的羊奶酪样的东西。印章的部分地方有点破旧和磨损,但鉴于它已有近4000年的历史,这并不奇怪。不过,我们能从中很清楚地认识到,牧羊人已经是一个公认的职业了。

几千年来,人们总会有不同的途径可以成为一名牧羊人。这表示人类最古老的行业之一也许就是游牧业。这些牧羊人不断移动,以小部落或家庭团体生活,他们通常不在一个地方定居。这种有控制的游走在过于干燥或荒凉的土地上的做法是可行的。羊群为这个临时的社区提供了所需的一切——羊奶、奶酪、肉、羊毛和用作燃料的粪便。在离开时也不过是留下一点废旧屋子。这是一种古老的生活方式,从青藏高原的游牧民族到中东沙漠的贝都因人都这样生活,但这种生活方式往往与现代国家边界的概念、城市化和政府要求人民定居的政策相冲突。

一些牧民是半游牧的,他们在一年中的部分时间过着定居的生活,但仍需长时间地放牧他们的羊群。蒙古人过去和现在都是半游牧生活的主要族群——当下蒙古国四分之一的人口仍然过着半游牧的生活,但仍有更小的、不太知名的群体隐藏在全球的其他角落,悄悄地继续着跨越两个世界的生活方式。

人们很容易把牧羊人的生活想象成一种孤独的生活,但对许多半游牧地区的人来说,放牧只是一件平常事。例如,印度西部马哈拉施特拉邦的丹格人(Dhangar)常以小团体的形式旅行,这种团体有时只有丈夫和妻子带着孩子,以及100多只羊。

他们沿着西南季风的路线奔波,足迹在干旱多石的土地上纵横交错,在9个月的时间里跋涉500英里(约800公里),寻找合适的放牧地。[1]

季节性迁移是指牧羊人跟随季节变化而移动,并且通常是在相同的两个永久定居点之间迁移:温暖的夏季,就在凉爽、牧草丰富的山区放牧;等到冬季,就回到避风的低地过冬(有时在春季,会有另一个中途牧场周转)。这是一种正在迅速消亡的生活方式,但直到20世纪初,它一直是整个南欧和东欧、亚洲、非洲和美洲部分地区牧羊文化的特色。

欧洲的阿尔卑斯山区的生活正是这种传统的缩影,那里有叮叮当当的羊铃、崎岖不平的高海拔风景和直接来自《海蒂》(Heidi)书中所描绘的孤独牧羊人。但英国也有自己闲散的游牧传统。例如,即使在第一次世界大战之后,罗姆尼沼泽的羔羊仍然从肯特海岸的沼泽地迁移到肯特和苏塞克斯的富饶高地,远离家乡度过秋冬。母羊将留下来,以应付稀少的牧草和避免传染经常带走幼崽的疾病。到了春天,母羊和羔羊就会重新团聚。[2]

罗姆尼沼泽地的牧羊人被称为"看守者"。"看守制度"是从中世纪黑死病造成的破坏中发展起来的。当时地主们开始购买大片无人居住的沼泽地来放牧羊群。看守者被雇佣来看守多个大型羊群,他们步行到很远的地方,长时间离开家,住在被称为"看守者小屋"的小砖房里。这些分布稀疏但坚固的建筑是接生羊羔和剪羊毛的理想场所——看守者可以依靠家人不时带来的食物连续几周滞留在这个住所中。

在18世纪到19世纪的全盛时期，有300多座固定式看守者小屋分布在沼泽地周围。现在，只剩下十几间了。奇怪的是，看守者并没有把自己当作牧羊人。虽然罗姆尼羊并不需要细致的放牧——它们被培育成坚韧、独立的动物——但这些"看守者"始终得有个工作头衔。"牧羊人"一般为单个农民的农场工作，或饲养自己的羊群，而"看守者"更像是重要的监督者，因为要同时盯着几个农场的羊群。

当然，另一种移动式的看守者小屋如今已成为流行的"藏身之处"。曾经对于看守者来说住得并不舒服的地方，现在却成了豪华度假之旅的首选之地，真是令人惊讶。但不可否认，这些移动的、能够自给自足的住所有一种特别的舒适感。只是一个带轮子的房间，却提供了牧羊人被迫在野外与世隔绝时所需的一切。

除了养绵羊和剪羊毛的工作，牧羊人还常常进行"圈养"（folding）。在现代肥料出现之前，让耕地肥沃的一个有效方法就是叫来牧羊人和他的羊群，用木头或榛子树枝做的障碍物将羊群固定在一个区域，让它们在土地上自由生活几周，并给它们补充饲料。随着羊群的进食与排泄，它们的粪便肥沃了土地。这往往会使以前贫瘠的土地变成富饶的耕地。事实上，在一些地区，如果没有牧羊人和羊群，就根本不会有耕作。例如，"圈养"是

18世纪英国白垩土地耕作成功的关键。汉普郡、威尔特郡、多塞特郡和伯克郡等地（这些郡县的可耕地上的农民经常面临土地贫瘠的耕作问题）都要依靠羊群来提高山坡地区土壤的肥力。如果没有成群的绵羊不断地踩踏，用它们的粪便肥沃土壤，农田很快就会变得贫瘠，完全无法种植作物。[3]

通过宗教绘画，我们了解了早期看守者小屋的形态。牧羊人作为基督教故事中的关键角色，经常在中世纪艺术品中出现。诸如在《向牧羊人报喜》（Annunciation to the Shepherds）等有华丽人物的艺术作品中，你不费吹灰之力就能找到隐藏在背景中的看守者小屋。

这些中世纪的看守者小屋有时是没有窗户的木箱，只有足够让牧羊人躺下的空间。这样的两轮车厢，需要用牲口拉到合适的位置并支撑起来以保持稳定。这个移动型看守者小屋的概念本身很成功。直到20世纪50年代，从法国寄来的漂亮明信片上还可以看到这种简陋小屋在农村地区的使用情况：屋里经常有一个牧羊人懒洋洋地躺着。

但是这种可移动的看守者小屋只适合平缓的地形。许多住在小山和坡道上的牧羊人，建造了类似于罗姆尼沼泽看守者小屋的小型永久性建筑。在那里，他们可以栖身，饲养小羊羔，有时还可以制作和储存奶酪。例如，在比利牛斯山脉，有一种名为奥里斯（Orris）的夏季传统手工建造式的山间小屋。它的建造材料通常用的是为了给牧场让路而从田间清理出来的石头。这些微型建筑有时与世隔绝，有时又集中在小村庄里。它们是一个可以为转场的牧民提供休息、给羊群挤奶以及让脆弱的小羊安全过夜的场所。类似的小屋在欧洲的山区随处可见，并且每个地区都有相应的方言名称：克罗地亚叫"kažun"、意大利南部叫"tholos"、撒丁岛叫"pinetta"、普罗旺斯叫"borie"。

话题重新回到我们的移动看守者小屋。在其他的中世纪画作中显示过一种四轮版本的小屋：小屋的前面设置一个铰链门，两侧有百叶窗，这样牧羊人就可以看着他的羊群，即使是瓢泼大雨迫使他进入屋内，也不会让牧羊工作受到影响。今天我们大多数人熟悉的就是第二种移动式的看守者小屋。到了19世纪，成制式的看守者小屋都有一个高架床，床下面有一个笼子，用来放体弱的或受伤的羔羊（称为羊架）。小屋里有足够的空间放置一张折叠桌或者是一个小铁炉和一个墙柜。墙柜是用来放置放牧用的"药剂"的，通常是一瓶威士忌，用来唤醒生病的羔羊，或者更有可能是给疲惫的牧羊人一些精神刺激。

一想到牧羊人，你就会联想到他们的"罩衫"，即一种18到19世纪牧民们所穿的宽松飘逸的服装。这种服装有着悠久的历史：在1325—1340年间撰写和配有插图的《勒特雷尔诗篇》（*Luttrell Psalter*）中就展示了林肯郡庄园生动的乡村生活场景，插画画面中的牧羊人就穿着一件罩衫式的衣服。到18世纪早期，罩衫已经成为牧人和农民的标准工作制服。

普通的罩衫人们每天都穿,但男人们也会在周日这个最好的日子以及庆祝活动日穿更漂亮的罩衫。罩衫通常由棉花或亚麻制成,大多是天然的素色,但有时也按照当地传统来染色,如"诺丁汉蓝"或"东安格利亚绿"。罩衫的缝合线并不是为了设计上的花哨而存在,而是为了保障衣服的灵活性和适用性:缝合罩衫(包括将布聚成微小的褶皱)不仅允许一定程度上的拉伸,而且还有助于强化衣服的手腕、胸部和肩膀这些磨损最严重的部位。

然而,工业革命标志着罩衫的终结。牧羊人和其他农民离开土地到新开的工厂找工作。他们很快发现宽松的衣服和磨坊的机械之间存在严重的矛盾。伊丽莎白·盖斯凯尔(Elizabeth Gaskell)写于1855年的《南方与北方》(North and South)甚至提到了这个问题。小说的主人公玛格丽特·黑尔(Margaret Hale)从宁静的南方乡村旅行到一个阴森的、工业化的北方磨坊小镇上,她立即被当地人所穿的衣服震惊:"那些人的衣服颜色看起来更灰、更耐磨,不够欢快和漂亮。即使在乡下,也没人穿罩衫,因为罩衫妨碍做动作,而且容易被机器夹住,因此人们穿罩衫的习惯已经消失了。"[4]

到19世纪末,牧羊人的罩衫作为一种曾经实用的制服已近乎消失,只在英国乡村的少数地方才有。随着农村地区传统的衰落,越来越多的城市人开始怀念失去的东西,不过这种怀念在很大程度上都是想象中的怀旧乡村手工艺和田园生活,这些也都是艺术与工艺运动（Arts and Crafts movement）以及凯特·格林纳韦（Kate Greenaway）和沃尔特·克兰（Walter Crane）的插画所展现出的时代缩影。许多人把罩衫与简单朴实的农村生活联系在一起，却不会将屠夫和牧羊人的整体服饰直接联想到中产阶层的妇女和儿童的漂亮裙子。

在野外，牧羊人要自己处理羊群的各种疾病和问题。19世纪的牧羊人一般会用一些民间疗法，比如用桦树皮包裹羊的断腿，或者快速涂抹自制的药膏来治疗羊的皮肤病。中世纪的牧羊人药膏配方中只提到了油和牛脂，或者焦油和黄油，但到了18世纪和19世纪，汞或松节油等有毒成分已悄然进入其中。

松节油也被用来治疗牧羊人最害怕的疾病——腹胀（或称为"羊瘟"），这是羊吃丰饶的牧草或根茎类植物所付出的代价。泻盐或蓖麻油等泻药也是常见的治疗方法，但如果没有泻药，给腹胀的羊"放气"（popping）是唯一的选择。19世纪早期的一份养羊指南向我们介绍了这个过程：

> 在这种情况下，牧羊人不得不使用他的刀子：他把刀子插进绵羊左腹，位置在脊柱下面一点，位于臀部和肋骨之间一半的位置。气体会猛烈地涌出。得病的羊会明显地得到缓解，而且因肚子膨胀而带来的直接性病痛和危险往往会完全停止。[5]

这是一项极有风险的工作，最初痛苦的缓解往往伴随着伤口的感染，不幸无法康复的羊会缓慢而极端痛苦地死去。然而，在19世纪，另一项新发明——套管针或称"放线钉"出现了，它为熟练的牧羊人提供了一种更稳妥且更准确的替代治疗方法。在托马斯·哈代（Thomas Hardy）的小说《远离尘嚣》（*Far from the Madding Crowd*，1874）中，禁欲主义的英雄牧羊人盖伯瑞尔·奥克（Gabriel Oak）前来营救芭丝谢芭·伊芙丁（Bathsheba Everdene）的羊群。因为芭丝谢芭的羊群偶然闯入了一片幼嫩的苜蓿地，羊群大口大口地吃着危及生命的"炸药"。对于我们的女主人公来说，情况似乎很糟糕。如果不采取任何措施，所有的羊都将如同农场工人沉痛担忧的那样："像吸血过多的虱子一样死去。"不管怎样，在最后一刻，盖伯瑞尔挽救了局面：

> 盖伯瑞尔已经到达那些臃肿葡匐的羊群之中了。他急忙脱下外衣，卷起衬衫袖子，从口袋里掏出那件救星。那是一根小管子，或者叫作套管，里面插着一根长针；盖伯瑞尔开始为羊群"做手术"。他的灵巧程度会让医院的外科医生深感满意。他用手摸了摸羊的左腹，挑了个合适的地方，就用管子里的针刺穿羊的皮肤和瘤胃；然后他突然拔出针，把管子留在原处。一股气流从管子里冲了上来，其力量之大，足以把放在管子口的蜡烛吹灭。有人说过，

短暂的折磨带来的是长久的轻松和快乐，而这些可怜的绵羊的脸色就说明了这一点。

盖伯瑞尔·奥克这个角色可能是牧羊人最著名的浪漫代表之一了。他安静而忠诚，是柔弱无辜者的守护者。这位大名鼎鼎的牧羊人一手拿着羊羔，一手拿着牧羊人专用钩子，是可靠和值得信赖的象征。事实上，从文艺复兴时期的绘画到威廉·布莱克（William Blake）的诗歌作品《牧羊人》，数百年来，牧羊人在艺术和文学中都占有重要的地位。

这是一份有着很高要求的光荣工作。12世纪末的一篇关于庄园管理的论文坚持认为：牧羊人应该具有无可挑剔的品格，而不能离开他的羊群"去参加集市或摔跤比赛，或者是与朋友共度夜晚以及去酒馆"。[6]另一段文字也清楚地说明了牧羊人应如何达到他们的行为要求：

> 耶和华所喜悦的，是贤明的牧人，和善的看守者，能够使羊不因愤怒受苦，得以平安快乐地觅食草场的人。如果羊群不是分散在各处，而是在牧人的周围结伴吃草，这就象征了牧人的仁慈。牧羊人应该养一只会叫的好狗，晚上让狗和他的羊群睡在一起。[7]

可敬的牧羊人是一个古老的比喻。在基督诞生前2000年,巴比伦国王汉谟拉比称自己为"带来和平的牧羊人";在犹太、基督教和穆斯林信仰中,神通常被描述为"好牧人",他可以引导他的"羊群"走向安全并保护他们不受伤害。事实上,从印度教的牧牛人戈文达(Govinda)到佛教寓言中的牧牛人,各种各样的牧人都被用作善意领导和精神汇集的宗教象征。在许多世界宗教出现的同时,羊的驯养和其他形式的放牧也在不断发展壮大。古代的教众会把牧民的说法和相关的隐喻理解为他们日常生活的映射。

然而,《圣经》在很大程度上利用了绵羊和养羊的隐喻潜力。关于羊、羔羊、需要指导的羊群、牧羊人和滋养羊群的牧场的说法随处可见,甚至牧羊人的拐杖也成了教堂里被广泛接受的"职务徽章"(badge of office)。[8]在《旧约》中,以色列人是上帝照顾下的羊群,而在《新约》中,耶稣关于好牧人的比喻优雅地解释了他的目的:领导他的"羊群",保护他们,收拢迷途的"羊",冒着生命危险对抗掠夺者,并庇护无助的"羔羊"。

"地位卑微的牧羊人成为不情愿但有价值的领袖"这一文学创作主旨(例如大卫仅用牧羊人的弹弓就战胜了歌利亚)就充分说明了这一点,似乎默默无闻和缺乏野心是伟大的完美人格特征。耶稣在《约翰福音》中也被称为"上帝的羔羊,带走世界的罪孽"。选择羔羊是能够吸引人的,它的象征意义一定会被早期的基督教听众注意到。

动物祭品,尤其是绵羊,在《旧约》中随处可见:

你也要献出一只公山羊作赎罪祭,两只一岁的公羊羔作平安祭。(利未记23:19)

但若拿绵羊羔作赎罪祭,必用没有残疾的母羊。(利未记4:32)

然后你要献上另一只公羊,亚伦和他的儿子们要按着公羊的头。你们要宰了公羊,取它的一些血,放在亚伦右耳的耳垂和他儿子右耳的耳垂上,放在他们右手的拇指和右脚的大脚趾上,其他的血洒在祭坛的四周。(出埃及记29:19—22)

献祭这些祭品是一种请求宽恕的方式,毁灭生命的行为是一种"礼物",可以使人们与上帝和解。这里动物的选择是非常重要的。"没有缺陷的"羔羊或成年羊是纯洁和干净的完美象征。祭司也必须是没有瑕疵的。要求圣人和他们的祭品都必须完美,这本身就是一个比《圣经》还要古老的想法,且在埃及、美索不达米亚、希腊和罗马文化中都有这样的认知。

瑕疵被视为对上帝的直接冒犯,显示出以下任何疾病的拉比都将被禁止履行祭祀职责：ivver（iwwer）*——失明，pisse'aḥ——大腿受伤，ḥarum——鼻子在两眼之间凹陷的人，sarua——手或脚不等长，gibben——眉毛过长，tevallul——白内障，garav——皮炎，yallefet——癣以及mero'aḥ ashekh——睾丸损坏。

绵羊也必须经过类似的身体检查才能被献祭——献祭对象不能是失明的羊，也不能有皮肤缺陷，不能有破损或不完整的肢体，也不能有奇怪的脚或损坏的睾丸。[9]任何不那么完美的羊都会被返回田里。因此，如果你像古代的教徒那样了解《圣经》的背景故事，那里面将耶稣描绘成完美无瑕的"上帝的羔羊"，必须牺牲他来拯救人类的这种情节就能够理解了。

几个世纪以来，在大多数文学和艺术作品中，牧羊人都被描绘成男人。但在现实中，牧羊人往往是由女人或女孩担任的。瓦罗（Varro）在罗马帝国鼎盛时期的著作中指出："……那些在山路上放牧的人应该比那些每天放完牧都要返回农庄的人更强壮。因此，在牧场上，你可能会看到随身带着武器的年轻男子。当然，牧场里不仅有男孩，甚至连女孩们也是成群结队的。"[10]

男人和女人作为夫妻在一起放牧也是很正常的，尤其是那些一次要离开几个月的情况。一些精致的中世纪插图显示，这些牧羊人和牧羊女会在一起牧羊，一起剪羊毛，并且一起庆祝季节性

---

* 该词及以下单词为希伯来语，词汇来自犹太教经典《塔木德》——译者注

的节日。现实的放牧工作中几乎没有出现过在其他工作中时常出现的自发性性别分离的工作状况。几个世纪以来，男女共同牧羊一直是农村的一个常见情况。古罗马作家瓦罗曾写过，陪伴丈夫过牧羊生活的妇女必须像男人一样坚韧，在偏远的"山谷和林地"且没有什么外部支持的情况下，能够完成她们应做的那部分体力劳动，同时生育和抚养子女：

> 然而，这样的妇女就应该身体强壮，而且不能气色不佳。她们的工作能力在很多方面并不比男人差。在伊利里库姆（西巴尔干）就可以到处看到这样的牧羊女，她们要么能看管牛群，要么能搬运木柴和烹饪食物，要么能整理好自己的小屋。至于喂养孩子的问题，我只能说，在大多数情况下，她们既能哺乳孩子，又能生孩子。

几个世纪以来，牧羊女的形象一直让作家和画家们着迷。这是一个值得细细分析的有趣想法。多年来，这些坚韧、独立的女性为人们带来了一个可喜的变化，那就是使人们不再用"适合女性的工作"这种具有局限性的表述来描述牧羊工作。当下关于不屈不挠的女性的主题电影和书籍仍然能够引起观众的共鸣。2015年获奖的印度纪录片《冰川上的牧羊女》（*The Shepherdess of the Glaciers*），讲述了一位女性带领她的300只绵羊决心攀登喜马拉雅山脉的故事。还有抚养9个孩子同时不顾一切辛勤耕作的"约克郡牧羊女"阿曼达·欧文(Amanda Owen)。这些坚韧、与世隔绝的女性所树立的形象是对人们所熟悉的关于女性社会角色的陈词滥调最有力的消解。

然而,并非所有的故事都像这些案例一样积极。在纽约大都会艺术博物馆收藏的16世纪荷兰挂毯《牧羊人夫妇制作音乐》(Shepherd and Shepherdess Making Music)中,一对夫妇用音乐自娱自乐,羊群在草地上悠闲地吃草。如果不是因为绣有说明文字,这将是一幅完美的乡村和谐风景。牧羊女颤声说道:"让我们在草地上唱歌,用你的风笛,吹奏两首曲子。"但她的爱人回应说:"当她唱歌时,她的声音很好听,但工作都是我做。"

从16世纪开始,牧羊女身处田园风光"中心"的事实在诗歌、艺术和文学中变得越来越突出。牧歌写作并不新鲜,早在公元前1世纪,维吉尔的《田园诗》(Georgics)和《牧歌集》(Eclogues)就描述了一个充满仙女和牧羊人的世界,他们过着简单的、梦幻般的生活。但贾科波·桑纳扎罗(Jacopo Sannazaro)的诗歌《阿卡迪亚》(Arcadia, 1480)和马洛的《激情的牧羊人致心爱的姑娘》(The Passionate Shepherd to His Love, 1599)等大型文学作品却从另一角度强化了乡村田园的理念和对乡村居民朴实的印象。

牧羊人和牧羊女也渐渐成为怀旧的象征,代表诚实劳作与乡村快乐的结合。尤其是牧羊女和农家女,她们健康,赤脚辛勤工作,而且往往身材丰满。许多对圣女贞德的雷同描述都不是一种巧合。圣女贞德因其卑微的出身、独立的思想和勇气而闻名,她被描绘成一个美丽但贫穷的牧羊女,尽管她实际上是一个生活相当舒适的农场主的女儿,而且可能从未亲自放过羊。[II]

童谣《小波比(Bo-Peep)》可能是少数几首以特殊角度描写牧羊女的作品之一。它把牧羊女描绘成和她的羊群一样心不在焉、虚弱无力的牧人:

> 小波比丢了她的羊,
> 她不知到哪里去寻找;
> 羊会回来,我不用烦恼,
> 连尾巴也不会缺少。

1784年,英国律师兼古玩收藏家约瑟夫·里特森*(Joseph

---

* 里特森是一个极富魅力的男人。1752年,他出生于达勒姆的一个卑微的家庭,20岁出头就到了伦敦,成为一名成功的房产经纪人。在业余时间,他热衷于当地的诗歌、民谣和民间传说(这些主题往往被文学界忽视),并随后出版了几十本关于童话、传说和历史浪漫的书,包括《嘉默·格顿的花环》。他对儿童文学和故事感兴趣,却因其暴躁和不可预测的脾气、对法国大革命的同情和素食主义活动而闻名。在他40多岁时开始显示出精神疾病的早期迹象。1803年,51岁的他把自己关在格雷律师学院(Gray's Inn)的房间里放火烧了自己的手稿。最终,他被转移到霍克斯顿的一个朋友家里。在那里,他穷困潦倒,精神失常,最后去世了。

Ritson）编撰了一本著名的童谣书，书名为《嘉默·格顿的花环》（*Gammer Gurton's Garland*），又叫作《托儿所的帕纳索斯》（*The Nursery Parnassus*）。这是一本优美歌曲和诗歌精选总集，供所有既不会读也不会跑的乖宝宝们娱乐，里面提到过小波比。这本书和另一本于1806年出版的名为《对波比（Bo-Peepeid）的批判性评论》的作品表明，这首儿歌已经在世上存在过一段时间了。[12]

至少从14世纪开始，"波比"这个名字就已经被经常使用，并被用来描述我们现在称之为"躲猫猫"的婴儿游戏。1364年的一份参考资料中提到过一位不幸的妇女，她因为提供短斤少两的麦酒而受到惩罚，不得不"戴着颈手枷刑具，站着被惩罚"（"play bo pepe thorowe a pillery"）。[13]伊丽莎白时代的一首民谣首次将"波比"和羊的概念联系起来，并且比这首《小波比》成为幼儿园的最爱儿歌还要早300年。[14]如果小波比身边有一只可靠的牧羊犬，她可能就不会陷入这样的困境了。

7

狗和赶牲人

Dogs and
Drovers

牧羊犬的诞生、
赶牲之路和黑羊银行

人类最好的朋友之一——狗的出现，可能要归功于羊。虽然还没有确定狼被驯化为狗并翻身允许人类挠痒痒的确切日期，但看起来，牧羊业的发展和人类对犬类援助的需求是齐头并进的。早期驯养的狗还远不能睡在沙发上或偶尔去散步，它们与人类伙伴时常会起冲突，时常经历着不稳定的休战。一些狗被用来打猎，另一些则用来守卫定居点。有些狗被当作流动的废物处理工具，在营地周围清理和捡食残渣，而其他狗则被用于战斗或斗狗。狗进入菜单也不是什么稀奇事，例如，铁器时代遗址的遗迹显示，狗的肉、头以及小狗都曾被烤着吃。[1]

考古学表明，驯养的狗首次出现在12000—20000年前的某个时期。在6000—10000年前，我们才开始看到不同类型和大小的狗出现，包括小型品种和带有新皮毛颜色的品种。事实证明，承担着两个特定"工作"的饲养犬类——牲畜守护犬和牧羊犬，对我们的祖先特别有用。牲畜守护犬是犬类中的保镖。最著名的犬种之一是獒犬（Molosser），它是古代亚述人和希腊人喜欢的一种壮实的犬，是最早被明确提到的羊群哨兵之一。公元前4世纪，亚里士多德在其《动物史》(History of Animals)中对它们大加赞赏：

> 在獒犬的各类犬种中，用于驱赶动物的犬种与其他地方使用的犬种的基本情况相同，但该犬种的牧羊犬在体形和面对野兽攻击的勇气方面都优于其他犬种。由这两种狗混合所生的狗在勇气和耐劳方面都表现得很出色。[2]

这些都是大而粗野的狗，通常长有白色的毛发，这样牧羊人可以在光线不好的情况下看管狗，并在很远的地方就能将其与其他动物区分开来。罗马的牲畜守护犬戴着大型带刺的金属项圈，这种项圈放在动画片《比诺》(The Beano)中淘气阿丹的狗哥那舍(Gnasher)身上也不会显得突兀。这些刺并不是为了炫耀，而是让守护犬在正面交锋中拥有战斗力，因为狼和其他野生捕食者在攻击中往往会攻击狗的脖子。

然而，并不是每个人都需要这样一只高大魁梧、肌肉发达的狗。这个时代的大多数人可能只拥有几只羊，并进行规模不大的混合耕作。而像獒犬这样的大狗会有旺盛的食欲，这将使它们的饲养成本超出大多数家庭的承受能力。只有在满足两个条件的情况下才需要牲畜守护犬：一个是大规模的游牧生活或大规模放牧羊群；另一个是存在来自食肉掠食者的真正威胁，如熊、狼、狮子和猎豹，这都取决于放牧地区的环境条件。

在世界上为数不多仍有大型食肉动物捕食羊群的地方，牧民往往依靠牲畜守护犬保护羊群。例如在蒙古，班加罗尔犬就常被用来保护羊群（和其他畜群），使其免受为数不多，但在荒野四处游荡的雪豹和狼的伤害。相比之下，在英国，由于人们对大型食肉动物一贯无情捕杀，导致猞猁在罗马统治结束时就已经消失，棕熊在诺曼征服前就已经于本地灭绝，而狼在1500年左右也几乎全部消失。实际上，医生约翰·凯厄斯（John Caius，剑桥大学冈维尔和凯厄斯学院的创始人之一）在1570年写道："我们的牧羊犬并不巨大、坚韧，也不重要，它们的身材和长相都不怎么样，因为它们不需要和巨大的狼打交道，英国没有狼。"[3]

虽然同样是工作犬种，牲畜守护犬的工作可以被概括为"牧羊人的杀手伴侣"，而牧羊犬却需要与"杀手"完全不同的技能组合。牧羊犬培育的目的并不是防守，而是通过吠叫、肢体语言、轻咬或触碰口鼻将羊群赶到一个特定的方向。而且，与牲畜守护犬不同，牧羊犬的历史是一个谜。

特别有趣的是，尽管牲畜守护犬是这两种狗中更具攻击性的犬种，但牧羊犬的一些技能却被培养得更接近于它的狼表亲。在牧羊人的培育下，牲畜守护犬吞噬羊群的本能已经消失，但牧羊人为牧羊犬培训的技能却是让它们模仿狼狩猎时的自然本能，将羊群分开或集中起来。

同样奇怪的是，牧羊犬的发展时代可能比牲畜守护犬要晚得多。虽然科鲁迈拉（Columella）在公元1世纪的作品《农医宝鉴》（*De Re Rustica*）中提到了"牧羊犬"，但它们却并不是当下我们所认为的那种牧羊犬。因为这类狗被牧羊人用来追赶狼或夺走羊群的其他掠食者，因此被培育成修长、纤细、灵活、强壮的体格，[4]但它们的身上还没有表现出任何我们今天能够在牧羊犬身上所看到的训练有素、听话的迹象。但在另一方面，科鲁迈拉确实提出了为狗起简短名字的想法，以确保它们对主人的命令做出快速反应。他最喜欢的名字包括"Ferox"（凶猛）、"Celer"（快速）、"Lupa"（狼）、"Tigris"（老虎）。[5]世界上最古老的狗名之———"Fido"在古拉丁语中大致翻译为"忠诚"或"信赖"，这也并非是一种随意的命名方式。

虽然没有人知道人类"发明"的第一种牧羊犬是哪个品种的狗，但有很多早期品种的"候选者"，并且每个品种都是在世界各地独立出现的。例如，西藏梗犬（Tibetan Terrier）和匈牙利普利犬（Hungarian Puli）都可能与中国西部的游牧民族在公元9世纪前的某个时候首次开发的小型牧羊犬有着共同的起源。维京人也有他们自己的牧羊犬。挪威的布哈德犬（Buhund）是最古老的北欧犬种之一，其名称大致可译为"家园犬"的意思。它的起源已经无从考证。但是到了9世纪末，维京人已经将他们的布哈德牧羊犬带到了冰岛、设得兰岛和格陵兰岛，因此这些狗的后代至今仍然存在。一项遗传学研究还发现，德国牧羊犬、法国伯格-皮卡德犬和五个不同的意大利牧羊犬品种也有共同的血统，包括"奥罗帕牧羊犬"（cane da pastore di Oropa）和"托卡托犬"（cane toccatore）两种犬。[6]

我们很难知道早期这些牧羊犬究竟是用来干什么的。"toccatore"这个词（来自意大利语toccare，意思是触摸）给了我们一个线索。同类型犬种的另一个名字"paratore"也是如此。"paratore"在民间拉丁语中的意思是"推动"（可以理解为"驱赶羊群"的意思），但根据中世纪早期流传下来的关于牧羊犬"工作"的文字内容，这种命名方式与牧羊犬实际工作之间的关系，或许并不像我们在后来的犬种命名中看到的那样紧密相关。1379年，法国人让·德·布里（Jean de Brie）在《好牧人》（*Le Bon Berger*），也就是最早的"牧羊指南"中建议，应训练牧羊犬只会咬住羊的耳朵，并且用熏肉皮摩擦牧羊犬的下巴和前脚，让它学会跟随主人。[7]

然而，18世纪后，一些训练有素的狗开始突显它们的价值，这一现象反映在当时一些实用农业指南中。18世纪的英国农民和农业作家威廉·埃利斯（William Ellis）曾被一只特别听话、聪明的牧羊犬触动："这条狗训练有素，只要一声令下，它就会走到羊群前面，绕过羊群，站在羊群边上，或者跟在羊群后面，走近或走远……"[8]埃利斯甚至还兴致勃勃地补充道，"这位牧羊人非常爱他的狗，如果有人伤害了他的狗，你一定会看到他那张为狗哭泣的脸。"

最具代表性的牧羊犬也许是边境牧羊犬（Border collie）。在公

7 狗和赶牲人

元1世纪登陆英格兰时，罗马人正带着这种又大又重的狗。这些坚韧、勤劳的牧羊犬的后代可能与几个世纪后由维京人带来的斯皮茨型犬（spitz-type）交配，产生了一种敏捷、粗犷的狗。这种新品种的狗完全可以在苏格兰和威尔士边境的岩石山上工作，并因此而得名。至于"collie"这个词就不那么容易理解了，有一种说法是"collie"指的是它们身上的炭黑色（"colley"在乡下是对长着黑色脸和黑色腿的绵羊的称呼，方言中也有"黑鸟"的意思）。

当人们开始在城镇聚集生活时，问题就产生了。如果你无法住在你的食物来源附近，那么你就必须将食物来源带在身边。于是，赶牲口的人开始发挥作用，他们的工作是把属于农民和土地所有者的牲口长途跋涉地送至城市的市场中。从公元11世纪开始直到19世纪上半叶铁路出现，在英国各地旅行的人们经常会看到成百上千的羊、牛、猪和鹅像水一样从高地山地"涌"入低地集镇。

驱赶这些动物的人（赶牲人）是他们那个时代的牛仔。他们是一群性格坚韧且挣得高薪的工人。人们托付给这些人的不仅仅是他们的羊群，他们还经常要求赶牲人携带新闻、包裹或信件，接受财务委托。作为从乡村到城市的定期旅行者，赶牲人甚至要陪伴和保护富裕家庭的后代。

然而，并不是每一个人都理解这种奔波的生活，许多人以怀疑的眼光看待赶牲人的流动生活，因此也常常指责赶牲人有欺骗、偷窃和道德松散的问题。威廉·哈里森（William Harrison）

在1577年抱怨道:"他们中的许多人都太下流了。"⁹区分赶牲人、流浪的穷人或纯粹的流浪者有时是很困难的,这个问题让伊丽莎白时期的城市管理者们内心充满担忧。为了消除混乱并"剔除"所有品质无良的赶牲人,这一时期的管理者制定了一些法规将这一职业限制在已婚且年龄在30岁以上的人中(这一条件不包含雇佣的仆人)。如果赶牲人符合这些条件,他就可以花钱申请许可证,并需要为在治安官那里登记特权支付另一笔费用。治安官保存着一份包含所有合法赶牲人姓名和住址的名单。不过那些当时关于赶牲人进城后的醉酒和享乐方式的各种描述表明,他们也许并不总是在守规矩。

现存的最古老的道路中,有些道路就是因赶牲人放牧而形成的。这些道路塑造了英国和欧洲其他地区的地貌景观。有些赶牲人所行进的路线拥有古老的历史,时间甚至可以追溯到史前时代,而且其中许多道路在马匹减少后仍在继续使用。在英国,大多数赶牲口的道路都是从苏格兰、威尔士和西部地区的原始丘陵地带,通往东部和南部不断发展的集镇和城市的,包括通往伦敦的道路。

各种各样的牲畜常常需要运到很远的地方,而且数量很多。丹尼尔·笛福(Daniel Defoe,1660—1731,英国小说家)在18世纪20年代的著作中描述过牲畜被驱赶着从苏格兰的凯斯内斯(Caithness)到东安格利亚(East Anglia)的漫长旅程,单程大约600英里(约965公里)。在北约克郡,汉伯顿赶牲大道(Hambleton drove road）至今仍然存在。这是一条古老的赶牲路线，可以将牲畜从苏格兰运往英格兰的市场。19世纪初英国经济鼎盛时期，每年会有多达10万头的牲畜沿着这条道路南下。这些牲畜借助这些古老的大道在全国范围内不断流动。18世纪的伦敦史密斯菲尔德市场每年会从赶牲人那里接收75万头羊和10万头牛。

很难想象如果城市里有赶牲口的庞大队伍经过将会是一幅怎样的景象。在数以百计动物的喧闹声中，动物旁边或行走或骑马的赶牲人会大声喊叫"嘿啰嘀！嘿啰嘀！"，以警告当地人他们的到来，并让当地人有时间提前把自己的牲畜圈起来，以免这些牲畜也跟着被赶走。[10]牧羊犬会在旁边小跑，咬住落单的羊，并严格控制羊群的前进方向。许多品种的狗都非常适合这项任务，包括英国女王的最爱——喜欢跟脚跟的柯基犬，以及温柔的巨人——英国老牧羊犬。后者曾被称为短尾牧羊犬（bob-tail collie）。在18世纪的英国，蓄养工作犬可以免于征税，而宠物犬则要征税。为了区分，工作犬，包括赶牲口的狗，都会把尾巴去掉或"剪短"。

赶牲人和狗之间的关系十分密切。英国作家玛丽·拉塞尔·米特福德（Mary Russell Mitford）在她的作品中曾描绘19世纪20年代的乡村生活场景，其中提到了主人和狗的生活：

在索尔兹伯里平原和史密斯菲尔德之间，再没有人能够像杰克·宾特（Jack Bint）那样专业地牧羊了。在杰克·宾特的名犬"守望"（Watch）的帮助下，他能够非常娴熟地带领羊群克服小巷和公地、街道和公路上的所有困难。"守望"的脸粗糙、憨厚，有黑色皮毛，嘴边有一点白色，它还有一只白耳朵。它的外貌在集市上和它的主人那诚实、饱经风霜的脸一样出名……相比路上的其他牧羊犬，"守望"因为能更好地把羊群集中在一起而闻名，而它的主人杰克也能因为更准时地把羊群送到目的地，而且让羊群的状态更好而备受人们的信任。没有人能够像杰克那样掌握夜间最合适的放牧点，在哪里可以为他的委托人买到好的饲料以及为"守望"和他自己买到好酒这样的情报。"守望"和那时其他牧羊犬一样，习惯于主要靠面包和啤酒生活。[11]

牧羊犬自行回家的事情也曾发生过。20世纪20年代的一篇报道记录了一个名叫克拉夫的威尔士赶牲人与他忠实伙伴之间的故事：

……这是一只名叫卡洛的狗，它有着出色的赶牲能力。当时，在一段长时间的努力劝说后，位于肯特郡的赶牲人克拉夫终于把他的小马卖给了当地一位顾客，他自己则决定搭马车回家。小马的马鞍被安置在卡洛的背上，克拉夫又在马鞍上附上一张纸条，请求过去自己曾带卡洛暂住过的旅馆老板们,给卡洛提供食物和休息的地方,然后送它走上回家的路。卡洛在听从主人要独自回家的命令后,就往家的方向奔去。它经过了从前和主人住过的每家旅馆。大约一周后,它背着马鞍安全地到达了位于兰特里罗(Llandrillo)的家中。[12]

并非所有的赶牲人都能回家。例如,在沃里克郡*索萨姆(Southam)的教堂墓地里,就埋着几位死在前往伦敦途中的威尔士赶牲人。其中一位来自德杜尔特(Dduallt)的罗伯特·劳埃德(Robert Lloyd)因为在当地酒馆"感到热,所以喝了点小酒"于1773年生病去世。赶牲并不全是为了羊。赶牲人经常被委托保管大笔资金,其中不仅有在市场上出售动物的现金,还有代表地主收取的租金和商业债务。

口袋里塞满钱的旅行是一场危险的赌博,这让赶牲人很容易成为小偷和强盗的目标,因此人们在赶牲人常走的路线上建立起了早期的私人银行系统,特别是在威尔士地区。这些为赶牲人所建立的乡村银行,和其他行业的专属银行一样,具有小规模和特异性,这反映在他们发行的纸币上。这些有特色的纸币用铜版印刷在大而薄的纸上,发行日期和合伙人的签名等细节往往是手工添加的。这些纸币上面往往会介绍或赞美它们所代表的行业。例

---

* 位于英国英格兰米德兰兹郡——编者注

如：沿海地区银行业的专用帆船；农业地区的犁、牛或羊；康沃尔的锡矿；赫里福德郡的苹果酒酿造以及惠特比的剪羊毛产业。赶牲人的银行——阿伯里斯特威斯与特雷加隆银行（Aberystwyth & Tregaron）在其钞票上印有黑羊，羊的数量表示英镑的面值，因此当地人称其为"黑羊银行"。

赶牲人还充当了陪护者或监护人的角色。独自旅行是一件危险的事情，所以有些人会利用这样的机会在赶牲人的保护下进城旅行。富有的商人和地主的儿子会跟在赶牲队伍的后面，一方面是为了安全，另一方面是为了冒险。这种旅行通常被视作是"不适合"妇女的旅行，但如今我们知道至少有一个女人——来自卡马森郡泰尼温（Ty'nywaun）的简·埃文斯（Jane Evans）——曾在19世纪中期，与赶牲人一起从威尔士农村一路走到伦敦。她的这趟旅行的目的是与前往巴拉克拉瓦（Balaclava）和克里米亚战场的护士会合。[B]

当狗和赶牲人努力使羊群保持行动一致时，头羊（bellwether）往往会帮助维持同类的秩序。头羊自古以来都是被训练以用来领导羊群的雄性羊。"头羊"（bellwether）这个词来自"wether"（中世纪英语中有"阉割过的公羊"的意思）和"bell"（羊在脖子上戴的铃铛，这样即使在看不见羊的地方也能听出它们的位置）。头羊的待遇与其他羊不同，它们由人工饲养，并会顺从地跟随牧羊人或赶牲人，带领其他羊向任何需要的方向前进。20世纪初的屠宰场经常利用头羊来带领羊群平静地走向屠宰场。这些屠宰业的不知情"帮凶"被称为"犹大羊"（Judas sheep）。1921年的《西雅图每日时报》报道：

> 每家屠宰厂都有一个非常必要的特征，那就是都有被称作"犹大"的动物，这种动物经过训练，可以走上通往屠宰室的滑道，带领其他同类走向死亡。历史上有过"犹大"牛、"犹大"羊和"犹大"猪，它们靠出卖同类而生存。[14]

培养"头羊"是一种古老的做法。例如，亚里士多德写道："每个羊群都有一只'头羊'，它会对自己的名字做出回应。"这种做法在整个中世纪时期都在持续。关于这一时期的记载很少，但有一段有关国王爱德华二世时期的赶牲人的完整记录。这段记录描述了一帮男人和男孩带领羊群和其他动物从林肯郡到约克郡缓慢前进，在属于国王的土地上放牧的情景：

> 理发师约翰，也就是那名男仆，带走了……313只母羊，他为这些母羊指派了一名主牧羊人，工资为每天2便士，两名男孩，每天共3便士……还有272只小羊和一只头羊，他再次为这群绵羊指派了两名男孩，工资与之前的男孩相同。5月13日，星期五，这一队伍出发前往约克郡南部的塔德卡斯特（Tadcaster），总行程近130英里（约209公里）。

在那里，这些羊被分割成若干个皇家庄园的畜群。之后，它们在两天内走完了从萨顿（Sutton）到斯伯丁（Spalding）的前12英里（约19.3公里）路程，在一天内走完了从斯伯丁到荷兰柯顿（Kirton）的后12英里路程，又在两天内走完了从柯顿到博林布鲁克（Bolingbroke）的15英里（约24.1公里）路程。在最后一段新路程的最开始，理发师约翰雇用了12名男孩，在波士顿镇追赶上述羊群。[15]

"头羊"这个词如今仍然在一定范围内使用，但已不是它的原始含义。"bellwether"这个词现在是股票交易所里的一个术语，它指的是能够预示经济未来表现的公司股票，这类股票能够预示金融市场的走向。"头羊"也可以指一个趋势的引领者。因此只有在英语中会将赞美对象比作被阉割的头羊。

赶牲人之路塑造的不仅仅是英国的景观。西班牙拥有欧洲最大的赶牲人道路网络，总长大约有78,000英里（约125,000公里），被称为"牛道"（vias pecuarias）。有些赶牲人道路从新石器时代就开始使用。当时的狩猎采集者沿着野生鹿、绵羊和牛的迁徙路线，从冬季的山谷放牧到夏季凉爽的山地牧场。英国的道路是用来将羊群运往市场的，与英国不同，西班牙的道路则一直是季节性放牧区之间运送羊群的转场路径。那里所运转的牲畜数量一度十分惊人：11世纪到17世纪之间，每年约有500万只羊沿着"牛道"

被运送到目的地,这些羊主要是为获取羊毛而饲养的美利奴羊。

13世纪的西班牙各王国已经认识到了这些道路在经济上的重要性,他们将这些道路的使用权置于皇家法律的保护之下。在这些道路上的"自由行动许可"仍然是西班牙畜牧业不可或缺的部分。如今,即使这些道路与现代城市生活的要求相冲突,但西班牙还是通过了一些法律来保护家畜通道和牧民的权利。例如,马德里每年仍有大量羊群穿过城市街道,这不仅仅是对历史传统的一种保留,更主要的原因是赶牲人一直就是这么走的。马德里最初就是一座沿着牲畜迁徙路线而建立的集镇。事实上,在西班牙和其他欧洲地区,包括英国在内,许多国家的城市和乡镇都是沿着这些古老的羊肠小道兴起的,它们为赶牲人和他们的羊群提供食物、饮料、住所和市场。在澳大利亚,庞大的赶牲人道路网络被称为"长围场"(long paddock),它覆盖了该国广袤而无人居住的内陆地区。这些有着200年历史的"牲畜路线"在澳大利亚各地广为人知。这些路线最初是在铁路出现之前建立的,目的是让大量的牲畜依托水坑、河流系统和已经存在的原住民小路在全国各地移动。20世纪初,政府开始在这些道路上设置专门的饮水点,每个饮水点的距离都不超过一天的路程。昆士兰拥有最后一条全程正常运作的历史性赶牲人道路,它沿着几乎无法想象的44,740英里(约72,000公里)的路线延伸,覆盖了大约260万公顷(约26,000平方公里)的区域。[16]但是,赶牲人需要支付这条路线的使用费用——每公里两分钱，同时必须同意每天带着牲口至少走9.5公里。这不仅鼓励赶牲人和他们的马保持合理的行进速度，而且还能阻止赶牲人在前往市场的道路上过度放牧。

说到羊群，最著名的目的地也许是伦敦的史密斯菲尔德，它是许多赶牲人及其牲畜的最后一站。1000多年来，这个地方一直是繁忙的牲畜交易中心。史密斯菲尔德的人口并不少。在漫长的历史中，这里除了是一个繁忙的牲畜市场，也是比武、夏季集市和公开处决罪犯的既定场所。在绵羊市场的这处所在地咽下最后一口气的著名激进分子有苏格兰民族英雄威廉·华莱士（电影《勇敢的心》的主角原型）——他于1305年在这里被绞死、拖拽和分尸，以及罗切斯特主教的厨师理查德·鲁斯（Richard Rouse）——他于1531年因毒害主教家的几位成员而被公开活活煮死。

1174年，坎特伯雷大主教托马斯·贝克特的一名书记员曾记录：史密斯菲尔德是"一个平整的场地，每个星期五都有一个著名的良驹交易会，另一个区域则是农民贩卖东西的场所，比如肥胖的猪，还有体形巨大的牛"。[17]但是到了19世纪中期，这里乱象丛生，每年有超过150万只绵羊来到这个市场，而且这些绵羊往往是一拥而入。1848年的《农民杂志》（*Farmer's Magazine*）就详细描述过这一场景：

> 这一年共有22万头牛和150万只羊被强行拉到伦敦市中心的一个5英亩（约20,234平方米）的规定区域内。它

们穿过最狭窄和最拥挤的大道，在附近黑暗且潮湿的地窖、马厩和户外厕所旁进行屠宰和出售。这些牛群和羊群行进路线上的居民和店主，每周都会因4,000头牛和30,000只羊过境造成的损坏而得到补偿，这些牛羊被鲁莽的赶牲人粗暴地赶着走，被凶猛的狗逼得发疯。

如果不是其他人的描述证实了这一情况，这些说法可能听起来会让人觉得过于夸张。这些出自不同人物的说法都不约而同地描绘了一幅相同而可怕，沾满粪便且过度拥挤的"可食用四足动物聚集场景"。[18]不过，查尔斯·狄更斯（Charles Dickens）在《雾都孤儿》（*Oliver Twist*）中噩梦般的情景描绘，超越了所有类似主题的可怕程度：

> 这天早晨正逢赶集日。地面覆盖着几乎漫过脚踝的污泥浊水，浓浊的水汽不断从刚刚宰杀的牲畜身上腾起，与仿佛是驻留在烟囱顶上的雾混合起来，沉甸甸地垂挂在市场上空。
> ……乡下人、屠户、家畜经纪人、沿街叫卖的小贩、顽童小偷、看热闹的，以及社会底层的流氓无赖，密密麻麻挤成一团。家畜经纪人打着口哨，狗狂吠乱叫，公牛边蹬蹄子边吼，羊咩咩地叫，猪嗯叽嗯叽地哼哼；小贩的叫卖声，四面八方"涌来"呼喊、咒骂、争吵；一家家酒馆

里钟鸣铃响,人声喧哗,拥挤推拉,追的追,打的打,有叫好的,有吆喝的——市场的每一个角落都回荡着这种震耳欲聋的噪声。一些蓬头垢面、衣衫褴褛的角色,在人群中不断跑进跑出,时隐时现,这一切构成了一种令人头晕目眩、手足无措的纷扰场面。

必须采取措施了。19世纪50年代的一项议会法案迫使牲畜市场搬至伊斯林顿(Islington)的新空地上,同时伦敦也在考虑如何处理旧址的问题。伦敦金融城(City of London)当时的建筑师霍勒斯·琼斯爵士(Sir Horace Jones)的任务是设计一座只经营肉类批发,而不是活体动物交易的建筑。任务完成得非常出色。这座中央市场(现在是一处被列为二级文物保护单位的意大利风格的建筑珍宝)的建造终于在1868年完工,并被庄严命名为"肉类大教堂"(cathedral of meat)。琼斯后来又设计了比林斯盖特鱼市(Billingsgate Fish Market)、利登哈尔市场(Leadenhall Market),以及最著名的伦敦塔桥。然而,史密斯菲尔德的未来却岌岌可危。当局计划将史密斯菲尔德的肉类批发市场搬到首都的边缘地区,与比林斯盖特和新斯皮塔菲尔德(New Spitalfields)的水果蔬菜市场联合起来,形成一个新的、巨大的多市场交易场所。在同一块"平整的土地"上进行了1000年的绵羊和肉类的交易场所,可能很快就会面临被取缔的命运。

8

擦洗与纺纱

Scouring and Spinning

绵羊油、仙女
和羊毛船帆

19世纪50年代，一个名叫托马斯·巴宝莉（Thomas Burberry）的年轻制衣匠在贝辛斯托克（Basingstoke）市中心经营着一家小服装店。有一天，巴宝莉正和他的一个老主顾聊天。这个主顾是当地的一个牧羊人，他的工作服是在这家店里买的。牧羊人穿了他的罩衫一段时间后，布料似乎变得防水了。巴宝莉对此很感兴趣。牧羊人告诉巴宝莉，他的罩衫经常吸收羊毛上的油脂，这些羊毛油脂是在处理或浸染羊毛时脱落的。巴宝莉想，会不会是这个原因让罩衫变得防水呢？

于是，巴宝莉开始研究和试验不同的面料，急切地想要找到一种既轻便舒适又透气耐磨的材料。之后，"羊毛脂"被证明正是这种面料所需的神奇成分。这种物质可以让日常织物变得与众不同。巴宝莉发明并获得专利的这种布料，就是根据中世纪所穿的长而宽松的户外斗篷名而被命名的"华达呢"（gabardine）。后来这种布料被证明很受大众欢迎。它也是如今户外大衣、军事装备和探险家服装面料的完美选择。巴宝莉的全天候雨衣为罗阿尔德·阿蒙森（Roald Amundsen）、罗伯特·斯科特（Robert Scott）

和欧内斯特·沙克尔顿（Ernest Shackleton）等极地探险者危险的南极之旅提供了保护。第一次世界大战期间，巴宝莉品牌曾为英国"汤米们"（英军）用华达呢材料制作超过50万件风衣。如今，巴宝莉已成为著名奢侈时尚品牌，而这个品牌却是从牧羊人、罩衫和随意涂抹的羊毛脂起家的。这是多么具有讽刺意味的事情啊。

巴宝莉的天才之处在于他认识到羊毛脂这种物质的非凡。羊毛脂是由羊皮肤中的皮脂腺产生的，这种物质能够包裹羊毛纤维，给皮肤和羊毛额外一层防护，就像天然的防晒霜一样。要从刚剪下来的羊毛中获得羊毛脂，需要用热水清洗羊毛，这个过程被称为擦洗（scouring）。然后再撇出表面的油脂。除了惊人的防水性能，羊毛脂也是一种特殊的软化皮肤的润肤剂，它被用于化妆品制作和治疗皮肤干裂已有数千年的历史了。早在公元1世纪，希腊医生迪奥斯科里德（Dioscorides）就提到了羊毛脂的软化特性。在描述一种用羊毛制成的膏药时，他写道：

> 最好的、未清洗的羊毛是最柔软的，如绵羊颈部和大腿上的羊毛。这种软羊毛很适合用于前期治疗伤口、擦伤、脱皮、黑色和蓝色瘀青以及骨折（在醋、油或酒中浸湿）。它很容易吸收所浸入的液体，而且由于它所含的"oesypum"（羊毛脂），它的质感非常柔软。[1]

羊毛脂的使用在一些早期的制药记录中被提及,包括1565年的《科隆药典》(Dispensarium Coloniense)。羊毛脂是几个世纪以来自制药物的主要成分。在当时,妇女通常被要求承担家庭中大部分的日常医疗护理工作。她们从花园中取材,用厨房中的现有材料来制备各种治疗药品。在中世纪,羊毛脂与醋、酒和蜂蜜一样,都是家庭治疗采用的关键材料。[2]由于羊毛脂很容易被皮肤吸收,它就成了其他药用成分的理想载体,并且它也有轻微的杀菌作用,有助于皮肤自愈。这些特质使其成为一种古老的皮肤病治疗药物,用于治疗从烧伤和尿布疹到乳头破裂和湿疹的各种疾病。

如果没有羊毛脂,也就不会有我们所依赖的大多数化妆品和个人护理产品(唇膏、洗发水、护发素、乳液等)了。玉兰油是第二次世界大战后出现的最著名的美容产品之一,它最初的关键成分之一就是羊毛脂。1952年,南非化学家格雷厄姆·伍尔夫(Graham Wulff)决定为他的妻子制造一种能保持类似年轻女性皮肤特性的产品,于是就发明了这种面霜。他竭力为其寻找一个合适的命名,在对"羊毛脂"(lanolin)这个词的字母进行了乱序处理后,他想出了"玉兰油"(Oil of Olay)这个名字。

实际上,经过仔细观察你就会发现羊毛脂竟然会出现在很多让人意想不到的地方:中世纪的骑士会在他们的盔甲上涂上羊毛脂以防止生锈,这是一种传统的防腐技术,至今仍被用于工程和造船；羊毛脂可以用来润滑机械的圆轮和齿轮，润滑铜管乐器，软化棒球手套，制造鞋油，甚至出现在混凝土防水产品、飞机胶水、传送带蜡和特别柔软的卫生纸中。

　　罗马人也知道羊毛脂的这种神奇特性，这是他们庞大的羊毛工业的副产品。在罗马时期，羊毛是主要的纺织品，一些地区成了羊毛生产的代名词。在意大利，波河谷（the Po Valley）、阿尔卑斯山脉、利古里亚（Liguria）和卡拉布里亚（Calabria）都成了绵羊饲养的核心地区。西班牙、北部高卢、希腊和小亚细亚也在源源不断地提供高品质羊毛，以满足帝国对精细布料无休止的需求。不同的地区都擅长培育羊毛颜色不同的绵羊：意大利北部以纯白羊毛为特色，西班牙出产优质的黑色和深棕红色羊毛，而马略卡岛（Mallorca）出口灰色和黑色的原毛。虽然某些地区以大规模生产高质量的羊毛布料而闻名，但羊毛生产的家庭手工业也很兴旺，而且主要由妇女经营。

　　希腊和罗马时期的资料似乎表明，在当时的环境中，所有妇女从孩童时期起就被要求接触纺织布料。甚至女婴出生时，人们会在门柱上悬挂羊毛横幅来庆祝。[3]大多数家庭都有车间，这是专门为家庭妇女（无论是妻子、孩子还是女奴隶）设计的房间，可以用来纺织以及编织。熟练的织羊毛能力被认为是所有背景的妇女——无论是奴隶还是出身高贵的人——都必须具备的一项代表美德的技能。

要把羊毛纤维变成线，首先要把它们绕在一根叫作捻线棒（distaff）的长棍上，这样可以防止纤维打结，也可以一只手拿着纤丝，或者夹在腋下，同时用另一只手梳理纤维。纺织者用三根手指从纺线机上轻轻拉出羊毛纤维，当纤维形成一条线时，将纺锤和线卷（一根带有重物的棍子）固定在线的另一端，保持纤维绷紧。锭子在不断进行纺织运动时，纺织工再借助纺锤的重量，将羊毛纤维捻成纱线。将拉出的纤维制成任何稠度和长度的纱线都是一门精细的艺术，熟练的纺织工会因其手艺而受到人们的赞赏。用古罗马诗人奥维德的赞美之言来说就是：

即使这项工作完成，也不会使她如此高兴，

因为无论是她把不成形的羊毛绕成球，

还是快速转动纺锤，

她都是一边工作，

一边欣赏着每一下优雅的触碰。[4]

纺织技术具有重要性的意识一直延续到中世纪之后。杰维斯·马卡姆在他1623年的著作《英国家庭主妇》(*The English Huswife*) 中建议：

我们的英国主妇，在掌握了照顾和喂养家人的全部知识之后，还必须学习如何通过自己的努力，让家人都能裹上全套行头……在你的羊毛被这样混合之后……你应该按照合理的家务操作顺序，在大羊毛轮上把羊毛纺起来。

比马卡姆还要早几年，莎士比亚就曾拿捻线棒和纺织的意象开过玩笑。在《第十二夜》中，托比·贝尔奇爵士（Sir Toby Belch）肆无忌惮地奚落安德鲁·阿盖奇克爵士（Sir Andrew Aguecheek），用嘲弄的口吻描述他的头发："它就像亚麻挂在线杆上。我希望看到一个'家庭主妇'把你夹在她的两腿之间，然后把它纺下来。"他真正的意思是：安德鲁爵士的头发看起来像混乱的、纤维状的肿块，改造他头发的最好办法是让他和妓女有染，染上性病，让头发全部掉下来。作者希望当时的读者会因为这个下流的笑话而笑晕。

"捻线棒"这个词象征着女性领域，同时也象征着女性在社会中的地位。在《李尔王》中，年迈的君主的恶毒女儿贡纳莉（Goneril）拒绝担任顺从的妻子这样的角色，试图颠覆性别规范。当她发现丈夫奥尔巴尼（Albany）不愿战斗时，她说："我必须在家里换上武器，把捻线棒交到我丈夫的手里。"贡纳莉对她丈夫的男子气概的戏剧性挑战，以及她对丈夫只适合做家务的讥讽暗示让观众既震惊又激动。

中世纪有很多描写女人用捻线棒打男人的作品，这种阉割男人的象征意义不难理解。在15世纪德国版画家以色列·凡·梅克内姆（Israhel van Meckenem）的一幅蚀刻画中，一名女子强迫一个男子缠纱（这是一项当时被人们认为是"下等"男子才做的工作），同时用捻线棒抽打他。她还穿上了一条看起来像男人内裤的衣物——这是女人通过"穿裤子"一事来象征颠覆社会地位的最早版本。

在杰弗雷·乔叟（Geoffrey Chaucer，约1343—1400年10月25日）的《坎特伯雷故事集》（Canterbury Tales）中，主人公妻子的提议颠覆了传统的性别角色，表达了她对丈夫未能捍卫她荣誉的愤怒。"以尸骨为证，我将拿着你的刀，而你将拿着我的捻线棒去织布！"她喊道。愤怒的、挥舞着捻线棒的妻子殴打胆小的丈夫的画面还出现在一些本不应该出现的地方：在威斯敏斯特教堂的庄严布置中，我们发现了一幅唱诗班的可折板椅托板（铰链式橡木座椅）上的雕刻，内容是一个男人光着屁股被他的妻子打，这大概率是因为他弄坏了妻子的捻线棒。

中世纪的插画中也有两性之战——捻线棒和长枪比武的场景。有几幅画中的女子高举捻线棒，冲向手无寸铁的男子，准备战斗。"捻线棒"（distaff）这个词在英文中至今仍然在使用（不过用得不多），意思是"女性关心的事"或"家庭中母亲那一方"。母马赛马也被称为"捻线棒赛马"（distaff races）。至今纯种小牝马和普通母马仍然可以参加每年在美国或加拿大不同的赛马场举行的"繁育者杯"（"Breeders" Cup Distaff）比赛。

"纺织的女人"这个概念为我们创造了英文单词"spinster"（老姑娘，未婚的女人），这个词仍然带有沉重的贬义。但对希腊和罗马人来说，纺织工绝不是一个未婚女子的负面形象，而是理想化主妇的缩影，或体面男人的配偶形象。"纺织的女人"的工作象征着"正确"的生活秩序，妇女待在家里，为家庭的自给自足做出贡献。例如，在当时的荷马诗歌中，几乎所有提到的女性，包括皇室和女神，都以某种方式参与纺织或制造布匹。[5]

事实上，纺织已成为很多神话和宇宙概念的组成部分：在柏拉图的《理想国》中，他把宇宙的轴描述为纺锤的轴；希腊的命运女神纺出了人类生活的线；忒修斯用阿里阿德涅的纺线找到了走出迷宫的路；在美国西南部的纳瓦霍文化中有自己的"蜘蛛女"（Spider Woman），传说她教会纳瓦霍人的祖先如何纺织；在印加民间传说中，据说是生育女神欧克洛妈妈（Mama Ocllo）把纺织艺术传给了印加妇女。就连童话故事中也充斥着关于纺织的内容。从睡前最爱的《睡美人》和《侏儒怪》（*Rumpelstiltskin*），到鲜为人知的民间故事，如英格兰北部和苏格兰南部边境各郡的《哈贝特罗》[*]传说或捷克的《金纺车》。这些故事的共同之处在于，纺织有着积极的、近乎神秘的力量。

---

[*] 哈贝特罗（Habetrot），英格兰北部和苏格兰低地的边境县民间传说中的人物，与纺织和纺车有关——译者注

对许多女孩、青年女性、母亲和妻子来说，纺织是一种宝贵的独立收入来源，是增加家庭收入的一种方式，同时也能让她们有精力照顾孩子或管理家庭。在欧洲的民间传说中，有几十个民间故事的主人公都是会纺织的。通过手艺，她们能够拯救其他人物，解除诅咒，带来幸福的结局。在这些故事中，纺织不仅是一种达到目的的手段，更是一个强有力的隐喻，即把不同的元素聚集在一起，形成一条单一的、牢不可破的线。[6]

在欧洲的民间传说中，纺织也与仙女和魔法有关。苏格兰的毛织工经常向高地传说中专门负责监督布料制作的高地仙女（loireag）献上牛奶；日耳曼的冬季精灵贝尔赫塔（Berchta）据说因为不断敲打纺车，一只脚比另一只脚更平；俄罗斯的家庭仙女多米卡（Domikah）住在地板下，晚上出来纺织；爱尔兰的仙女纺工乌云暴风精灵（Girle Guairle）和威尔士的仙女纺工兼织工白颈疾跑精灵（Gwarwyn-a-Throt）都为贫困家庭制作衣服。仙女最常见的活动是毛纺和织布。牧师兼巫术"专家"罗伯特·柯克（Robert Kirk）在17世纪末的一篇文章中曾描述"希德"（sidh），也就是仙女们：

> 据说这些仙女会纺织，会染色，会织布，会绣花。但是我们并不清楚她们究竟是用适合的、坚实的工具对实实在在的精制材料进行手工操作，还是仅仅用神奇鹅卵石和

难以捉摸的彩虹,对地面上的凡人的行为进行着奇妙的模仿?因为这件事超越了预言家们的所有感知,无法辨别,我发现自己只能靠猜想了。[7]

但是,为什么仙女会与纺织联系在一起?我们知道,古希腊人的传说中有一个关于三位控制人类命运的编织女神的故事。同样的故事,稍做调整后,就以各种形式出现在人类整个历史和不同的文化中,如北欧故事中的诺伦三姐妹(Norns)和波罗的海民间传说中的调合女神(Deivės Valdytojos姐妹)*。在罗马神话中,三位女神被称为命运三女神(Fata,fatum的复数,或指"被说出来的东西")。随着时间的推移,"fata"这个词在古法语中变成了"fae"和"faerie",在中古英语中变成了fairy(仙女)。

如今,仙女们也并不总是以一种仁慈的、穿着芭蕾舞裙带来买牙钱**的形象为人认知的。她们善变,来自另一个世界,既能帮助也能伤害人类,变化无常地捉弄人的命运。所以,当我们给孩子们读童话故事的时候,我们其实是在他们的头脑中塞入一个2000年前关于主宰人类命运的纺织女神的故事。

纺织也是维京妇女日常生活的重要组成部分,这充分反映在她们的神话故事中。除了"诺伦三姐妹",维京人还相信"塞尔魔

---

* 掌管命运的神女——编者注
** 是指在欧美等西方国家的传说中,给孩子们换牙的仙子要收走的金币——编者注

法"（seidr，源自古斯堪的纳维亚语seiðr，意思是"线"），这是一种魔法或萨满教仪式，能够改变命运或事件结果。有一些塞尔魔法的仪式用于积极的场景，例如预见未来并带来好运，还有一些用于揭示深藏的秘密，或者是治疗疾病和控制天气，以及鼓励狩猎和捕鱼的成功。但是塞尔魔法也有黑暗的一面。它同时也可以被用来诅咒一个人或一个社区，让他们生病或死亡，引发灾难和事故，使农作物枯萎或使某人走上毁灭之路。[8]

最重要的是，塞尔魔法被看作是"女性的魔法"。因此，在举行仪式时，举行者手里会拿着一根捻线棒，然后进入一种恍惚的状态，以便与精神世界沟通。这并非仅仅是一种巧合。在维京文化中，女人和纺织是紧密相连的，但并不像在希腊和罗马文化中那样普遍，似乎每个女人都能纺织。在维京人的世界里，纺织在很大程度上是"中产阶级"妇女的特权。古北欧诗歌《里格斯马尔》（Rígspula，写于10—13世纪之间的某个时候）让我们对"各个社会阶级的人都做了什么"有所认识：在诗中，奴隶妇女穿着旧衣服，提供食物；贵妇人梳妆打扮，饮酒作乐；只有自耕农阶级的妇女——那些拥有土地的农民，在忙着摆弄她的纺锤和织布机。

9000多件纺织品碎片的考古证据证明，在冰岛和格陵兰岛发掘的每一个北欧农场几乎都在纺纱和布。[9]的确，在北欧各地的维京女性墓葬中，纺锤的出现是很有规律的。妇女们通常穿着她们最好的衣服下葬，还带着几个纺锤。这样做的确切原因，我们并不知道。其中一种猜测是，纺锤是一种象征或"家"的护身符。又或者，维京人会认为纺锤是女人的工具，是她家庭力量的象征，是让死者来世继续生活的完美祭品。

在维京女性的坟墓中，人们发现了各种不同的纺锤：有些朴素，有些奇特，有些用日常用品制成，有些则用珍稀材料制成。在维京人的文化中，女性的墓葬里随处可见由琥珀、麋鹿角、骨头、黏土、珊瑚、玻璃、金属、木材、砂岩和板岩等多种材料制成的纺锤。[10]个别妇女的坟墓只有一两个纺锤，其他人大多数都有几十个。每个坟墓里的不同纺锤可能是墓主纺纱能力的展示。技艺纯熟的纺织者通过埋葬大量不同种类和重量的纺锤来展示她的专业技能，告诉人们她在生前可以纺出不同种类的毛线。相反，学徒或基础纺织者可能只有一两个纺锤。无论生前还是死后，维京妇女的地位、财富和技能都可以通过她的物质财产来体现。

有趣的是，在纽芬兰的兰塞奥兹牧草地（L'Anse aux Meadows，Newfoundland，位于加拿大纽芬兰与拉布拉多省纽芬兰岛的最北端）发现了一个维京人的纺锤，这不仅证明了至少1000年前就有维京武士从格陵兰岛艰苦跋涉到新大陆，而且也证明了他们的女性亲属也跟随他们一起迁来此处。另一方面，最新的发现也推翻了"先进的"维京人将纺织技术带给当地因纽特人的观点。科学证明，因纽特人早在维京人到来之前的几百年就开始纺织了；不仅如此，维京人和因纽特人的纺纱师们可能实际上已经交换过技术，就像"蜜蜂交流"一样。挪威女性在研究如何使用麝牛、狐狸和北极野兔等其他动物毛发的同时，还学习着进口的羊毛编织技术。

的确，维京人的航行和他们对远方土地的殖民都因为有绵羊才得以实现。北欧的船只从斯堪的纳维亚半岛出发，绕过欧洲海岸，并利用俄罗斯和德国的湖泊与河流，与亚洲和阿拉伯国家进行贸易。他们还开拓了新的土地定居，一头闯入未知的水域，最终到达冰岛、格陵兰岛，以及最后的北美。

虽然北欧人是熟练的水手和可怕的战士，但如果没有羊毛，他们就不可能在伟大的旅途中幸存下来。这些羊毛可以用于制作他们的衣服、被褥，甚至是带他们出海的帆，而这些帆大部分都是由当地妇女和年轻女孩制作的。维京水手的装箱清单上的衣服大多是羊毛做的。除了他们的皮革油布，船员们还会穿由羊毛制成的束腰外衣、袜子、手套、帽子和斗篷，这些服饰要么是编织的，要么是用无结编织（nålebound，一种早期的针织形式——见132页）做成，也许他们还会有一块厚厚的羊毛毯子可以用来裹住自己。

但真正改变游戏规则的是船帆。粗略而言，维京人使用两种船。其中一种是长船（langskip），这是一种细长、扁平、狭窄的船，主要是为了速度和灵活性而建造的。这种船会在整个甲板上设置多个桨手，以获得最大的推进力。长船的吃水很浅，非常适合在浅水河流中和靠近海岸线处航行，而且重量轻，船员可以随时抬起来带到陆地上。这些特点使它们成为快速而猛烈的海滩登陆战和袭击战的理想选择。在当时，其他类型的欧洲船只必须在深水或港口才能登陆，但北欧的入侵者由于船只吃水较浅，可以比任何敌人更深入内陆，迅速出击，然后从任何其他类型的船只易搁浅的海滩快速逃离。但是对于长途贸易和海洋探险来说，就急需另一种船了——克纳尔船（knarr）。克纳尔船，也被称为贸易船，可以说是长船的一个"表亲"。它的长度较短，比较结实，几乎完全依靠船帆的动力航行，只有在没有风的时候才依靠桨。克纳尔船上的船员人数也更少，而更少的船员意味着每个人分享的利润更大，也有更多的空间来运载和收集货物。但是，由于甲板上划船的人手较少，帆就成了贸易船航行成功的关键。

当时的人们将密密麻麻的羊毛布条缝在一起，形成巨大、波浪起伏且色彩鲜艳的船帆，而这样的船帆可以抵御北大西洋的任何风浪。如果天气真的很糟糕，可以将其降下，像帐篷一样固定在船上，以保护里面的水手。可能羊毛作为材料看起来是一种奇怪的选择，但关键在于它的延展性。在海上航行时，贸易船会遇到许多强烈的风暴或突如其来的狂风，而羊毛具有的神奇的弹性、抗撕裂性和减震特性可以轻松应对这一切。羊毛的颜色令人眼花缭乱。专家通过对维京染色作坊的花粉进行分析后发现，从菊苣所染的棕黑色到亚麻莵丝子的红色，从藜根的黄色到荨麻叶的绿色，各种各样的植物都被用来给羊毛织物染色。

制作一张船帆所需的羊毛量是惊人的。纺织研究人员，挪威希特拉岛的托莫尔维克纺织信托基金负责人艾米·莱特福特（Amy Lightfoot）通过计算得出：要制作一张足以为一艘98英尺（约30米）长，且能搭载60人的船提供动力的船帆，需要大约700只羊的羊毛。根据她的计算，制作船帆的时间比建造船还要长，大约是造船时间的20倍。如果是两个人共同完成这项任务，造一艘船需要两周，而织一张帆则需要近一年的时间。[11]同时，在罗斯基勒（Roskilde）的维京船舶博物馆（Viking Ship Museum）工作的丹麦研究人员计算出，到1050年，整个维京舰队需要120万平方码（约100万平方米）的羊毛帆布，这一制造壮举需要200万只羊才能实现。[12]

这已经是规模巨大的绵羊养殖业了，更不用说后续还需要大量的纺织工将原毛织成毛料。维京人需要广阔的土地来放牧这些羊以满足他们的船只和国内的羊毛需求。他们的土地上根本没有足够的牧草。在自我延续的循环中，维京人越是向外扩张，在他们遇到的土地上进行贸易、殖民和掠夺，他们似乎就越需要占领更多的外部牧场。维京人自己不能生产的东西，就从邻国购买。例如，在英国和爱尔兰提供的所有商品中，维京人选择购买小麦、蜂蜜、锡，不过最重要的还是布料。有证据表明，从10世纪末到11世纪，北海地区生产的羊毛织物通过维京人的贸易最终到达了挪威。13世纪的书籍《埃吉尔的传奇》（*Egil's Saga*）中提到了一艘去往英格兰"购买羊毛布料和其他所需商品"的船,而挪威国王斯维尔(King Sverre)据说嘉奖了所有为他的国家带来"小麦和蜂蜜、面粉和布料"的英格兰人。[13]

绵羊不仅为维京人的船帆提供了羊毛,还为船帆的防水提供了羊油,为旅行提供了咸肉,为他们到达后的贸易提供了活的商品,为制作轻便的绳索和渔线提供了粗羊毛,为他们定居后提供了谋生的手段。绵羊还能帮长船防水。他们的羊毛混合了焦油或油脂,被用来填充木板之间的缝隙。而且在夜间,维京人经常把长船停在海滩上,而不是在海上睡觉。他们会把羊毛帆取下来,作为防水布铺在船上,或者在靠近海岸的陆地上用羊毛帆搭起帐篷。欧洲各地保存下来的古代维京绵羊品种让我们与过去有了直接的联系。维京羊比现代商业羊品种更小、更耐寒,能够适应复杂的地形和最低限度的照料。它们每年也会自然地脱毛,至少是部分脱毛,这使得维京人很可能会从绵羊身上拔羊毛,而不是剪羊毛。多亏了"稀有动物信托组织"的保护活动,这些品种中的许多个体至今仍然生活在一些与世隔绝的地区。挪威Spælsau绵羊、冰岛羊、瑞典的古特羊(Gute,原产于哥特兰岛)、苏格兰西北部的索艾羊和赫布里底羊、法国最西北端的乌埃尚岛(Ouessant)羊以及马恩岛羊(Manx Loaghtan)都是一千多年前北欧畜牧业、贸易和定居的活见证。

在英国,当地的坎布里亚郡的民间传说一直在谈论著名的赫德威克绵羊和维京人的联系。他们的农业和文化在湖区的历史和景观上留下了持久的印记，但这种联系从未得到过证实。不过，在约克大学慈善机构"绵羊信托"（Sheep Trust）的努力下，科学家们发现赫德威克羊拥有与目前生活在瑞典、芬兰、奥克尼和冰岛的绵羊相同的原始基因组。事实证明，这些民间传说没有说错。

9

针织的胜利

Knit for
Victory

世界上最古老的袜子、
济贫院和如何借助羊毛赢得战争

1914年的某天,英国收藏家约翰·德·莫宁斯·约翰逊(John de Monins Johnson)正在认真筛选从埃及安蒂诺波利斯市(Antinopolis)得来的宝贝,他希望能从中找到一些令人眼花缭乱的古莎草纸样本。想象一下,当他只发现了两只布满灰尘的旧毛线袜时,他会有多么失望,更糟糕的是,它们甚至都不成对!

　　这略显寒酸的袜子在当时被视为奇怪的东西,但如今却被视作古罗马-埃及文化的珍贵遗产,其悠久历史可追溯到公元100年至公元400年,是迄今为止发现的最古老的毛线袜。一开始,纺织历史学家们认为它们是针织品,但经过仔细研究后才发现,它们是用一种更早的技术制作而成的。这是针织技术的"表亲",是一种比针织技术更绚烂、更古老的技术,被称为"无结编织"。

　　从表面上看,无结编织和针织可以产生非常相似的结果,但两者所用的技术并不完全相同。针织会使用连续不断的毛线,用到两根或以上的针,织出一系列可以解开的交错线圈,而无结编织只需要一根针配合短羊毛编织,并且需要将其中的线圈"缝"

在一起。产生于大约公元12世纪的针织诞生时间相对较晚，相比之下的无结编织可以说有着真正古老的血统。

在一些斯堪的纳维亚语言中，"nålebinding"这个词翻译过来就是"针编"（needle binding）。有趣的是，这种技术的一些早期样本均来自丹麦。在公元前5400年至公元前4000年之间尚有人居住的一个名为泰布林德维格（Tybrind Vig）的渔村，人们发现了无结编织渔网的碎片。但是，这张网并不是由羊毛织成的，而是由植物纤维搓成的一股股绳子制成的。看来编织技术，或者至少是它的前身，并不是从羊毛衫开始，而是从我们的祖先对食物无止境的寻找开始的。快速浏览一下关于"编织"的语言遗产也可以看出：单词"knit""knot"和"net"都与"编织"有关联，它们都来自同一个古老的原印欧语系词根"ned-"，意思是扭曲、捆绑或打结。

考虑到这种技术的起源，或许维京人是羊毛编织专家这件事并不令人诧异。在俄罗斯、芬兰、挪威、丹麦、瑞典和英国等维京人曾生活的国家，考古学家都已发现很多羊毛衣物，或者至少是羊毛编织品碎片。这表明维京人曾用当地的羊毛制作手套、头饰，以及其他饰物，最重要的是用羊毛制成了袜子。其中一个代表性成果是在约克郡一座10世纪的用木条编织的建筑里被发现的"铜门袜"（Coppergate Sock），它保存得非常完好，你甚至可以看出穿着者的脚形和脚跟处被精心修补的地方。它的长度与学校的直尺差不多*，还讲究地给脚趾留出了空间。虽然它称不上多精美，但它代表了英国历史上曾经历的一个关键时期——当时英格兰北部曾被维京人统治了100多年。

真正的编织（那种快速的、咔咔作响的、双针的针织）似乎在几个世纪后才发展起来，并且可能从无结编织的一些针法发展而来。我们对它的确切起源知之甚少，但一般都会认为针织是从6—11世纪的中东某地发展起来的。从那里开始，针织技术通过皇宫雇佣的穆斯林编织者辗转进入西班牙，最后进入欧洲其他地区。维多利亚和阿尔伯特博物馆拥有迄今为止所发现的最早的真正意义上的针织品———双来自北非的、染成华丽的奶油色和蓝色的长袜。这双袜子在公元1100—1300年伊斯兰教统治时期制作，袜子上的费尔岛（Fair Isle）图案放在如今拉尔夫·劳伦（Ralph Lauren）的冬季T台系列中看起来也并不突兀。

到15世纪，针织服装已经融入了欧洲社会的各个阶层：从国王到神职人员，从勋爵到贫民。作为一种手艺，编织能够满足那些地位很高的个人和机构所需的，具有惊人的技巧和复杂性的物品，例如：垫子套、礼拜手套、墙壁挂件等等。在某种层面上，编织是一种由手工编织行会管理的职业，这些行会是由男性管理的，并对其准入和制作工艺制定了严格的规则。

---

* "铜门袜"的长度大概到小腿中部。

例如，15世纪巴黎的编织工会要求学徒工作7年才能称自己为"工匠大师"（master craftsman）。这个头衔只能授予那些证明自己能够设计出漂亮的袜子、手套、衬衫、背心和地毯，并在10周或更短时间内织好这5样东西的人。即使一个人达到了大师的地位，行会也会继续密切关注他的工作，对偷工减料的人给予严厉的惩罚或威胁将其开除。[1]行会的声誉保证了行业标准，也带来了高昂的价格。英国国王亨利八世甚至夸口说，他穿的长袜是巴黎工匠大师手工编织的。

但最有趣的故事并不是由那些尊贵而奢侈的毛线编织品带来的。编织是一种轻便、简单的手艺，它不需要任何昂贵的设备，因此适合那些在小农经济地区或渔村工作的人从事。这是贫困地区人民为自己和家人制作衣服的一种方式，并且也是最重要的一种赚取额外收入补充微薄工资的手段。边缘农业地区和沿海村庄的居民可以通过编织手套、帽子和袜子来提高收入，而且往往可以在从事其他日常琐事或有偿工作的同时进行编织。例如，牧羊人待在羊群旁编织，女渔民在等待渔获的时候编织，市场商人在出售他们的商品时编织。

设得兰博物馆（Shetland Museum）拥有最令人惊叹的自耕农照片档案，其中有很多都是19世纪末的照片。在其中一张照片中，两名妇女背着巨大的篮子（被称为kishies）来收集泥炭作为燃料。她们一边扛着篮子艰难前行，一边织袜子。这种多任务同进行的壮举看起来是很了不起的。

另一张照片拍摄于1939年,照片中是一个大约三四岁的女孩,她坐在那里编织。当时的学龄前儿童已经掌握了复杂的双针编织技术,但这还不够引人注目。她还系着一条专业的编织腰带,设得兰人称之为马克金腰带(makkin belt)。这是一条穿在腰间的皮带,双头编织针的末端被插入其中,这样编织者就可以快速、长时间地工作而不感到疲劳。

编织技术可能是在17世纪的某个时候经由英国传到设得兰群岛的。设得兰当地发现的最早的针织品来自17世纪的一个年轻人的坟墓。他被埋葬时的随葬品有针织长袜、手套、钱包和两顶帽子。18世纪初,岛民开始用针织毛袜和毛毯来换取荷兰和德国商人的现金或货物。[2]在设得兰群岛和整个不列颠群岛的部分地区,人们在步行去市场、晚上围着壁炉烤火或者坐在帆船上的时候,手上都在忙着编织。男人、女人和孩子们会利用任何可利用的机会,在家中、野外和旅途中编织。据估计,在1595年,英国大约有10万人从事家庭针织业。

因此,对许多人来说,编织羊毛不仅仅是一种有用的手艺。从16世纪末一直到19世纪,它是当地度过经济困难时期和普通人维持家庭生计的手段。19世纪初,针织机械的发展和工业化的进程使英国大部分实行手工编织的家庭手工业逐渐消失,不过部分地区的手工编织一直持续到20世纪,特别是在约克郡山谷等农村地区,手工编织可以补充养羊的收入。

在乔治·沃克(George Walker)的名作《约克郡的服装》(*The Costume of Yorkshire*,一本1814年的乡情水彩画集)中,我们可以看到一小群手工编织者,又叫作"文斯利代尔编织者"(Wensleydale knitters),在市区广场上咔嗒咔嗒编织的场景。每个人都参与其中:一个男人、两个女人和一个小女孩。这种景象在英国大部分农村地区都很常见。《索尔兹伯里平原的牧羊人》(*The Shepherd of Salisbury Plain*,1795年)一书中也提到了年幼的孩子们四处"收集羊毛"的做法。他们收集夹在树篱和栅栏上的羊毛碎片。即使是非常年幼的孩子也可以收集到在荆棘上遗留的一缕缕羊毛,这些羊毛经过梳理和纺织在冬天的晚上被制成长袜。无论这些少量的羊毛是被卖掉,还是被家庭保留,每一点都具有价值。短语"wool-gathering"(收集羊毛)从16世纪就开始普遍使用了,它被用来描述某人在做白日梦或心不在焉的状态。一位16世纪的作家写道:"好像我们的头脑和感官都在收集羊毛。"这种用法也许就是在暗指羊毛采集者无尽而低回报的搜集与游荡。

对于一些妇女和女孩,特别是那些处于正常家庭"缝隙"之间的人群,比如孤儿、寡妇、老人和未婚妇女,编织毛线是唯一的合法收入来源,不过这种收入并不高。对于济贫院和孤儿院的女性来说,这也被视作一种适当的、有可能赚钱的技能。例如,早在1614年,约克郡就在中世纪的圣安东尼(St Anthony)公会会馆开设了一所"编织学校",其设立的明确目标是向城市的贫困儿童教授编织。这说明当地的这座建筑也曾间歇性地成为济贫院和"教养院"。济贫院希望他们的住民,尤其是妇女和女孩能够借编织补贴院里的生活费,同时也希望她们学会一门手艺。如果有人不遵守规定,将会受到迅速而严厉的处理。1852年,英国伯克郡的一所劳改所的记录中显示了对玛丽·鲍勒(Mary Bowler)的惩罚,她是一名20多岁的农业工人,从15岁起就总是惹麻烦,常常被罚出入教养院:

> 玛丽·鲍勒是法灵顿济贫院联盟的一名年轻女子,她于5日被带到J.F.克利弗(J.F.Cleaver)牧师和R.G.斯罗克莫顿(R.G.Trockmorton)爵士面前,被总督指控拒绝完成分配给她编织袜子的工作。最终,她被送到雷丁监狱服21天的苦役。[3]

宗教学校也希望学生们学习手工,尤其是羊毛编织。这其中部分原因是让学生们掌握一种生活技能,但更重要的目的是通过编织可以出售的物品(如长筒袜)来为学校赚取钱财。阿克沃斯学校(Ackworth School)于1779年在约克郡的庞特弗拉克(Pontefract)附近成立,是一所贵格会学校,并专为那些父母"不富裕"的孩子开设。除了宗教课程和"3R"*,学校还鼓励孩子们

---

* 3R,即"the three Rs"课程,指的是基础教育三要素,即"读、写、算"——编者注

（无论男女）纺织和做针线活，以增加学校的收入。1821年，有记录显示，女学生们共织了339只长筒袜。[4]这种工作非但不被视为剥削，反而被乔治时代和维多利亚时代的许多人视作穷人（包括儿童）挣钱养家的必要方式，以免他们再次陷入"无所事事"的境地。事实上，当阿克沃斯学校不再要求学生做琐碎的工作，而是专注于更进步的学术培训时，很多人甚至感到无法理解。在一封1847年写给《不列颠朋友》(*The British Friend*，贵格会杂志)的信中，一位愤怒的读者抱怨说，阿克沃斯学校似乎迷失了方向：

> 现在的学校似乎对心理训练过于重视。而在过去，工业培训才是优质的选择。这两者中，后者对中产阶级和穷人阶级的孩子来说可能更重要。本世纪（19世纪）之前，工业学校在英国比现在普遍得多，特别是在诺里奇市（Norwich）。那里6—10岁的孩子们仅仅靠编织针织长袜，每年就能挣到几千英镑，比提供给他们的食物和衣服的价值还要多……纺织和编织工作以前在学校里是非常普遍的，而且练习起来很有好处。如果阿克沃斯的培养方向能够更加像一所工业学校，它可能会在某一时期削减在校人数和成本，从而使计划的校舍扩建变得多余。[5]

在1880年之前的英国，10岁以下的儿童必须接受义务初等教育，而工人阶级所受的教育往往是零散的、管理不善的。就女孩而言，她们的学习内容主要围绕纺织业，特别是羊毛业。不受监管的学校往往"人满为患，比如女校或慈善学校。那里通风不良，只有一个火炉取暖，几乎没有任何设备。由于女教师经常离开房间去照看她同时经营的商店或照顾婴儿，其教育价值被进一步削弱"。[6]

1832年，英国教会出版了一本名为《全国编织协会说明》（*The National Society's Instructions on Needlework and Knitting*）的书，旨在教导孩子们做"适合下层社会的工作"，包括编织羊毛长袜。直到第一次世界大战爆发，人们还在发布指南，教导工人阶级的儿童学习非常复杂的编织图案。1914年出版的埃塞尔·M.达德利（Ethel M. Dudley）的《幼儿和少年的编织》一书，以极强烈的热情坚持认为"小手指就能完成实际的操作"。

即使女孩们有幸能够上学，也不能减轻她们在家里必须完成的家务负担。出生于1871年的女权主义者和社会活动家汉娜·米切尔（Hannah Mitchell）痛苦地回忆了她的经历：

> 冬天的晚上，他们手工缝制衬衫和内衣。8岁的时候，我每周的任务就是给家里缝补所有的袜子。我想我对女权主义的最初反应就是从那个时候开始的。当时我被迫为我

的兄弟们缝制丝袜,而他们却在读书、打牌或玩多米诺骨牌。有时,男孩们会帮着做地毯,或剪羊毛,或为床和枕头挑选羽毛,但对于他们来说,这都是自愿的工作。对女孩们来说,工作是强制性的,而男孩们只要愿意就可以读书。这一事实让我心中的苦涩满得都溢了出来。[7]

编织不仅被视为贫穷妇女和女孩的一种合适消遣,在整个19世纪,它逐渐被视作一种具有潜力、受人尊敬且富裕的女士应具备的手艺。富裕家庭的女孩被期望获得一套合适的技能来为婚姻做准备。家人会鼓励她们学习刺绣、唱歌、弹钢琴、跳舞和其他"女性化"的爱好,编织也在其中。对于许多聪明、有创造力但缺乏刺激的中上层女性来说,针织是一个做有用事情的机会。她们可以制作小物品为慈善事业出售,或者制作装饰品,如家用的针垫和蛋套。

即使是维多利亚女王也从未远离过编织针。她为参加克里米亚战争的英国士兵编织手套和围巾这件事是很有名的。对维多利亚来说,纺织和编织显然是艺术表达和精力释放的宝贵途径。有资料显示,她在听家庭教师的阅读时也在编织,在床上养病时也在编织。她还为她的孩子和孙子们织漂亮的被子和床罩。在皇家收藏中,有一张生动的照片,照片中年迈的维多利亚女王(当然从头到脚都穿着黑色的衣服)舒适地依偎在一张大扶手椅上,听她最小的女儿比阿特丽斯大声读报纸。女王认真地听着,手里拿着织针，脚下的毛线球正在展开。这是维多利亚的一张异常平易近人的肖像，从表面上看，这张照片是在一个罕见的安静且放松的时刻拍摄的。对于任何看到这张照片的人来说，羊毛的象征意义再清楚不过了：如果编织是连国家"伟大的母亲*"都接受的一种手艺，那么对于任何有素质的女士来说，这肯定是一种非常值得尊敬的消磨时间的方式，而且也可以"尽自己的一份力量"。

虽然富裕女性的日常生活与那些工人阶级的姐妹们明显不同，但她们在公共或政治活动中发挥作用的范围都受到了相同的限制。编织和其他针艺成为女性表达自我的重要方式，有时甚至是颠覆性的方式。在美国独立战争（1775—1783）之前，美国有很强的手工编织传统——这主要是由英国移民带来的。这里有一个案例。在17世纪30年代末，20户来自东约克郡罗利村的家庭移民到马萨诸塞州，并且带着他们的羊毛加工技能，在埃塞克斯县建立了罗利定居点。他们打算把那里建成一个新的纺织和制布中心。当他们到达那里时，罗利的男人们建了一座纺织厂来加工布料，而妇女们则继续为她们丈夫的生产线加工原毛，并在家里疯狂地进行手工编织。[8]

编织的能力不仅被看作妇女必要的生活技能，而且是自给自足和敢为人先精神的象征。为家庭制作毛衣、毛毯和其他物品，既是"理想的"开疆拓土的妻子的标志，也是个人在没有外国毛

---

* 注：指维多利亚女王——编者注

织品进口的情况下，可以切断与旧的殖民相联系的手段。

  17世纪，英国的羊毛商人通过在英国国内和世界各地销售他们的布料获得了巨大利润。然而，美洲的新殖民地移民们并不想买英国的布料，他们想自己做。英国从一开始就密切关注着美国这些殖民者的一举一动。就在清教徒登陆后的几年间，最早一批殖民者从荷兰商人那里买了40只羊。这些羊和后来从西班牙人那里购买的其他羊，以及从伦敦公司进口的更多的羊，使殖民者具备了开始养羊、制作自己的布并生产可供交易的剩余羊毛的条件。英国对美国殖民者这种在经济上实现自给自足的公然尝试感到愤怒，并威胁要对任何向殖民地出口羊的人进行严厉惩罚。正如亚当·斯密在《国富论》中所记录的：

> ……出口绵羊、羔羊或公羊的人，初犯者将被永远没收所有货物，遭受一年的监禁，然后集市日在集市上被砍下左手，钉在那里。再犯者将被判定为重罪，并因此遭受死刑。[9]

  同样的命运也会降临到在殖民地从事羊毛贸易的人身上。然而，当地殖民者们并不在意这些威胁，他们不仅成功而迅速地建立起一个农舍式的布匹工业体系，而且在英国人看来，他们还"大胆地"开始了彼此之间的贸易，以及与其他欧洲国家的贸易。羊毛生产变得非常重要：弗吉尼亚州为自己殖民地的每一码羊毛布提供5磅烟草（当时的货币单位）；[10]1664年，马萨诸塞州制定了一项法律，要求孩子们学习如何纺织羊毛。[11]供应几乎跟不上需求。一位学者估计，一个家庭中每个成年人大约需要40码（约36.6米）羊毛才能满足基本的衣物需求。到1665年，新英格兰地区约有3万名成年人，这相当于需要大约120万码（约109.8万米）的羊毛织物。[12]

与羊毛相关的所有经济活动都激起了英国国王的愤怒。1699年，威廉三世颁布了《防止羊毛从爱尔兰王国和英格兰王国出口到国外以及鼓励英格兰王国羊毛制造业的法案》（*An Act to prevent the Exportation of Wool out of the Kingdoms of Ireland and England into Forreigne parts and for the Incouragement of the Woollen Manufactures in the Kingdom of England*）。该法案有三个明确的目的：第一，迫使殖民地只进口英国的羊毛；第二，禁止将羊毛出口到美洲；第三，对所有羊毛销售征税。

美洲殖民者穿的家纺羊毛布（通常是羊毛和亚麻布的混合物）被称为棉毛织品（linsey woolsey）或棉绒（wincey）。它成为一种反抗的标志和爱国主义的象征。家庭、社区和教会组织会举行"纺织蜜蜂"（spinning bees）活动，看看谁能纺出最多的毛线，并通常会借此机会讨论当时的政治问题。通过制造和购买家纺纺织品以及抵制英国纺织品，妇女被视为殖民抵抗中公民不合作政策的关键群体。18世纪60年代，如今的布朗大学当时在罗德岛的普罗维登斯（Providence）成立时，总统特意在就职典礼上穿着家纺服装。坐落于马萨诸塞州的哈佛大学，教师和学者们也都穿着家纺服装以示团结。[13]虽然英国后来有很多控制和扼杀美国贸易的努力，如1764年的《糖法》（*Sugar Act*）和1773年的《茶法》，但正是1699年的《羊毛法》让殖民地打响了反叛和愤怒的第一枪，最终催生了美国在1775年至1783年间的革命战争和《独立宣言》。

独立战争时期，殖民地妇女已经习惯于给家人穿家纺面料和手工编织的衣服。因此，她们被要求为代表她们上战场的士兵提供衣服和毯子，这不足为奇。甚至当时还任命了制衣将军（clothier-general）去评估军队对床上用品和制服的需求，毕竟如果军队想要士兵免遭寒冷，就需要大量的针织工。

各城镇公布了其居民的姓名和编织数量，以鼓励竞争。各行各业的妇女被鼓励贡献自己的力量——包括美国的首任第一夫人、乔治·华盛顿的妻子玛莎——无论这力量有多微弱。来自前线的士兵衣衫褴褛、光着脚作战的绝望报道，让编织者们忙着织毛衣。她们经常将旧纺织品回收利用，为"男孩们"制作新袜子、毯子和马裤。

美国士兵所处的困境以及妇女为他们提供服装的努力后来也因路易莎·梅·奥尔科特（Louisa May Alcott）的著作《小妇人》（*Little women*，1880年）而得到了永远的铭记。这本书以19世纪60

年代初的美国内战为背景："贝丝什么也没说，只是用蓝色军袜擦去眼泪，开始全力编织。在她不失时机地完成离她最近的工作的同时，她在自己安静的小心灵中下定决心，要在一年中军人归家的快乐时刻，达成父亲的一切愿望。"然而，我们的女主人公乔却发现为战争织袜子的任务以及它的性别暗示有点令人厌烦：

"不管怎么说，我喜欢男孩子的游戏、男孩子的活儿和男孩子的规矩。做女孩子就已经够糟糕的了！我无法克服对自己不是男孩的失望。现在更糟糕了，因为我非常想和爸爸一起去战斗。但我只能待在家里织毛衣，像个可怜的老女人！"乔摇晃着那只蓝色的军袜，把里头的针弄得像响板一样哗哗作响，她的毛线球在房间里飞舞。

编织也可以作为丰富而迷人的文化遗产，它是掩盖秘密行动和间谍活动，使它们看起来无害的幌子。在美国独立战争时期，英国人占领费城时，传说有一位酒馆老板——"老妈妈"莫利·瑞克会偷听那些被酒精冲昏头脑的敌军士兵的谈话。她把晚上在酒吧里听到的关于军队动向或敌人战略的谈话草草记下，然后塞进毛线团里。白天，她会走到自己最喜欢的石堆前，坐下来织袜子，同时偷偷地把她装满信息的毛线球从她身后的悬崖边放下，放到美国殖民地一方的交通员手中。

编织也是编码信息的完美载体。通过制作特定的图案，信息可以隐藏在看似无害的针脚或定制的衣服中。在两次世界大战期间，比利时抵抗组织会招募老年妇女，让她们住在可以看到火车站或铁路线的房子里。当车辆和火车来来往往时，妇女们会在编织中加入不同的针法：为火车编织一种，为火炮车辆编织一种，等等。然后，她们把这些针织品交给其他间谍。羊毛纱线非常适合莫尔斯电码风格的信息，不同的结可以被"读"为点或线。这绝不是一个矫揉造作的想法，当局可是予以了极其严肃的对待。例如，在第二次世界大战期间，美国的审查办公室禁止将针织图案寄往国外，因为它们可能包含敏感的编码信息。

仅仅是编织的动作就足以完成伪装了，没人会怀疑那些小心翼翼织着毛线的妇女是在利用这种活动作为间谍活动的掩护。美国人伊丽莎白·本特利（Elizabeth Bentley）在二战期间最初是一名苏联的间谍，后来叛逃成了联邦调查局的线人。她曾用自己的编织袋来隐藏窃取的机密信息和飞机计划，这个事件很出名。另一个以编织为掩护传递秘密信息的人是法国人莱文格尔夫人（Madame Levengle）。第一次世界大战期间，她会一边织毛衣，一边用脚敲打地板，一边从卧室的窗户里观察德军的动向。她楼下假装正忙着做家庭作业的孩子们会记下敲击的顺序。这一切都在派驻在她们家的德国警卫的眼皮底下进行。[14]英国人也有自己的"编织间谍"。1944年，年仅23岁的特工菲利斯·拉图尔·多伊尔

（Phyllis Latour Doyle）空降到纳粹占领的诺曼底，为即将到来的诺曼底登陆收集情报。在短短几个月的时间里，多伊尔假扮成一个14岁的可怜法国女孩，向英国军方传递了135条加密信息。她将这些信息藏在自己的针织品中。尽管在现代人看来，相关的剧集《法国小馆儿》（'Allo 'Allo）很有趣，但这项任务其实是非常危险的。多伊尔后来在接受杂志记者的采访时回忆道："那些在我之前被派去的人都被抓住处决了。后来我被告知选去（法国的）那个地区做间谍工作，主要是因为我的身份不容易引起怀疑。"[15]

虽然很多针织密码的例子都来自两次世界大战时期，但这并不是一个新想法。1859年，狄更斯在《双城记》中创造了一个著名的人物——德伐日夫人（Madame Defarge），她一边看着断头台夺去法国贵族的性命，一边从编织中获得极大的乐趣。她坐下来冷静地看着人头滚落的角色形象是根据现实生活中的"老巫婆"*创造的。当时的劳动阶级妇女带着她们的编织品去围观公开处决，并在观看这种场面时认真地织东西。由于被禁止参加任何形式的合法集会，社会运动的妇女们就一边编织毛线一边以观众身份聚集在一起，同时为革命者编织"自由帽"等物品。

虽然大多数的"老巫婆"可能只是在默默地观察情况，但虚构的故事往往把她们当作嗜血的窥视者。在奥奇男爵夫人1908

---

* 此处原文为"tricoteuses"，该词的意思是"法国大革命时期边看示众死刑，边编织衣物的妇女"——译者注

年的小说《红花侠》(*The Scarlet Pimpernel*)中,她以一种让人毛骨悚然的喜悦的口吻描绘了这幅景象:

> 赶车的女人们通常在格里夫广场(Place de la Greve)断头台下面消磨一天的时间,一边织毛线闲聊,一边看着一排排的死囚押送车押着恐怖统治的受害者每日到来。看到贵族们被送往断头台,她们觉得这是件非常有趣的事,而且靠近平台的地方也非常抢手。毕博(Bibot)白天一直在广场上值班。他认出了大多数"老巫婆",她们坐在那里织毛线,同时一个又一个的人头掉在了刀下。她们的身上也被那些被诅咒的贵族的血溅到了。

但是,羊毛和战争最有名的例子也许还是"为胜利编织"运动。第一次世界大战期间,编织热席卷了英国。士兵们在信中描述了可怕的战壕条件和寒冷的天气,这让无法服役的妇女、儿童和男人开始生产和寄送数百万件针织品。袜子、普通手套、连指手套、连帽衫、背心、毯子和毛衣,这些都是由那些一心希望参与战争,并且不顾一切为前线提高士气的后方亲人们制作的。当时的杂志、海报和编织图案都在敦促热切的编织者们为战争而努力多"编织一点",以表明"我们在前线的孩子们"没有被遗忘。

官方分发的指南向编织者展示了如何制作基本的衣物，比如《英国护理杂志》(British Journal of Nursing) 提供了有关围巾的制作指导，《图片报》(The Graphic) 展示了旧袜子和长筒袜如何被重新利用做成手套，《女王》(The Queen) 杂志出版了有关为贫困士兵编织的指南，内容包括如何制作步枪手套、带耳罩的连帽衫和针织暖腿套。书中的一些图样则是从妇女杂志，如《女人》(Woman's Own)，或专门为帮助海外军人穿衣而设计的慈善小册子中复制的。

甚至羊毛公司也加入了进来。英国的韦尔登公司（Weldon）印制了几十种设计图样，其中许多都是专门为业余编织者设计的。他们的小册子《为我们的士兵和水手提供服装和医院照料》(Garments and Hospital Comforts for our Soldiers and Sailors) 鼓励英国妇女制作一系列用于军事和治疗的专业服装，包括带耳洞的毛线头盔、长筒袜、腹带、无跟日用袜、可调整围巾、针织指套、睡袜、水手的海靴袜，甚至还有针织眼罩。该小册子还建议女士们把纸条塞进编织的礼物里，上面写着"上帝保佑你""大家都在想着你""勇敢的男人们，祝你们好运"等支持的话。

一些收到了羊毛礼物的士兵觉得一定要用回信来感谢编织者的努力。在纽芬兰圣约翰的档案中，有一封来自19岁的爱德华·诺夫托尔（Edward Noftall）在1918年夏天写给特威灵盖特（Twillingate）的一位克拉克小姐的信，信中说道：

> 亲爱的克拉克小姐：我只是想感谢你的袜子，这些袜子织得确实非常好，尤其是在法国这样的地区*。我知道特威林盖特的人必须为纽芬兰的士兵努力工作。我不知道我是否认识你在这里的任何朋友，但我可以告诉你，目前在这里的所有男孩都感觉良好。我的地址是法国纽芬兰第一皇家团 B.E.F. 驻诺夫托尔部，诺夫托尔 83 E.G. 地区。
>
> 你的朋友，特德。[16]

在他们的家信中，一些士兵承诺要去看望给他们织袜子的妇女，对少数幸运的人来说，这是一段新的友谊或恋情的开始。然而，对可怜的爱德华来说却不是这样。在给克拉克小姐写完感谢信的几个月后，也就是战争结束前几周的一天，爱德华因阑尾炎在离家约2500英里（约4000公里）的比利时医院去世了。

并不是所有的针织品捐献都像其他捐献品一样会受到欢迎。不同编织者的编织技术参差不齐，毛线的质量也不稳定。《闲谈者》(Tatler) 等杂志刊登了幽默漫画，对手艺不精的编织者和他们的努力进行了态度较为温和的取笑，当时的新西兰士兵有一首诗写道：

---

* 此时纽芬兰岛隶属法国——编者注

> 一双袜子的生命,
>
> 它们在某些程度上应该合身!
>
> 我用一只做头盔,
>
> 另一只用来做手套,
>
> 很高兴听到,
>
> 你们也有付出,
>
> 但是谁
>
> 说你会织手套?[17]

当美国1917年4月加入盟军时,编织也成为那里的一项爱国主义义务行为。当时的美国政府迅速着手为士兵准备必要的装备。虽然他们设法凑齐了生存所需的部分基本装备,比如厚厚的大衣,但美国士兵在帽子、手套和毛衣等保暖衣物方面的供应却严重不足。

美国红十字会立即采取行动,分发毛线和编织图案,要求全社会的每一个人都要"为大兵编织"。就连威尔逊总统和他的妻子伊迪丝(Edith)也参与进来。他们让羊在白宫前吃草,然后拍卖羊毛,为美国红十字会筹集了成千上万的资金。这场动员美国全员成为针织品工人的运动得到了回报:在短短一年半的时间里,美国公民为士兵织了2400多万件衣物。[18]

人们在家里、在工作中、在公共交通工具上,甚至在玩耍时都在打毛线。在加利福尼亚,女救生员在海滩上编织;在西雅图，陪审团在仔细考虑裁决结果时编织。纽约爱乐协会甚至被迫向观众发出呼吁，要求他们在现场停止编织以免干扰演出。男人们也加入了进来：消防员在值班时编织，火车售票员在车站之间编织，受伤的士兵在康复病房里编织，甚至美国监狱里的囚犯也用针和毛线编织，以尽自己的一份力。[19]

在澳大利亚，民间团体也在第一次世界大战期间组织编织。他们通过诸如照料基金会（Comforts Fund）和士兵短袜基金会（Soldiers' Sock Fund）这样的组织进行协调。这些组织还提供指导性讲座，指导编织者以正确的方式为胜利出力。超过130万双袜子从澳大利亚被送往海外。需求常常超过供应。不仅针织品工人要保持疯狂的速度以满足士兵们的需求，而且根本就没有足够的针来配套编织活动。维多利亚州的居民向来足智多谋，他们把自行车辐条改成了编织针，甚至把这些他们不需要的辐条卖给其他州的编织者。

羊毛的需求也很旺盛。第一次世界大战之前，澳大利亚几乎完全垄断了世界羊毛生产。随着战争的爆发，英国政府要求澳大利亚停止向英国以外的国家出口羊毛，这导致羊毛价格的大幅下跌。直到1916年，经过漫长的谈判，英国政府才同意以比战前价格高出55%的更公平的价格购买澳大利亚当时的全部羊毛，这使得澳大利亚的羊毛业得到了恢复。但由于羊毛供应短缺，澳大利亚需要找到一个替代方案。不久，一项为每一位派驻海外的澳大利亚士兵送去羊皮背心的计划就出台了。到1916年年底，由志愿者缝制的15万件羊皮背心已经温暖了那些在西线战壕作战的澳大利亚男孩的后背。

羊毛编织者在军装和毛毯上投入的巨大努力得到了回报。志愿者的免费劳动不仅补充了国内纺织业日益迫切的需求，而且所生产的厚实的毛衣也维持了盟军士兵的健康状态，让他们在这场战争中坚持下来，并最终赢得胜利。毕竟在这场战争中，寒冷和潮湿是与德国军队一样致命的"敌人"。编织运动也对士兵们产生了情感上的影响，让他们想起了家乡的支持，同时也在情绪上安抚了那些留守在国内、急切地想要联系和帮助前线战士的编织者们。针织衣物代表着士兵与家乡、家庭和爱人的爱的拥抱的实际联系。母亲、女儿、父亲和其他家庭成员都在织毛衣，因为他们知道这可能是一位年轻士兵穿的最后一件衣服了——它们可能会沾满血迹，远离家园，并陪伴到士兵生命的最后一刻。[20]

谁能想到，仅仅二十多年之后，在第一次世界大战中为胜利编织毛衣的人们又被要求在第二次世界大战中做同样的事情。正如《时代》杂志在1940年所宣称的："男人们还没来得及拿起枪，他们的妻子和心上人就已经拿起了针和纱线。"[21]

尽管这时机器编织的效率已经大大提高，但对于编织者来说，编织是对战争的一种熟悉且直接的反应。编织者们声称，手工制作的纺织品比工厂生产的更坚固，而且手工编织不会耗费宝贵的燃料或磨损机器。平民为胜利而编织，因为从他们自己的理智思考出发，他们必须这样做。用《纽约时报》1942年1月刊登的一篇文章的话说，就是：

> 手工编织的宣传效果无法用硬通货来估计，但依然相当惊人。水手的毛衣，飞行学员的头盔，都由远离战争的小镇上的一些热心妇女制作，同时肯定会引起这些正在编织的妇女的朋友对海军或空军的兴趣。她们也能感觉到自己在这场战争中发挥着的积极作用，尽管她们在赢得战争方面没有其他的助力，但并不是一无是处。[22]

10

"绵羊支付了一切"

"Sheepe Hath Payed For It All"

白衣修士、
"猫头鹰"的罪和羊毛教堂

在1338年到1339年的短短一年时间里,来自赫尔(Hull)的羊毛商人威廉·德拉波尔(William de la Pole)借给了爱德华三世一大笔钱:约11.8万英镑。按今天的货币计算,约等于1.67亿英镑。[1]当然,他完全有实力这样做,在1366年去世的时候,他已经是英格兰最富有的人之一了,并且他还将德拉波尔家族的姓氏变成了伟大的贵族姓氏之一。

他的儿子迈克尔成为萨福克伯爵。仅仅1个世纪后,他的后代差一点就登上王位,因为当时的国王理查三世指定约翰·德拉波尔为他的继承人。如果1485年博斯沃思战役的结果不同,亨利·都铎(Henry Tudor)战败,那么这位羊毛商人的直系后裔就会成为英格兰的国王。这位极为成功的企业家用一代人的时间从目光敏锐的商人一跃成为贵族,这反映了英国历史上真实存在的,用羊毛让这个国家积累大量财富的一个时期。

在威廉·德拉波尔出生时,英国的羊毛业已经发展了几个世纪。罗马人在公元43年登陆英国海岸后,很快建立了组织良好的羊毛产业。这个国家已经有了自青铜时代起就在群岛上游荡的本地小索艾羊。但我们从历史记录中得知,根据地理学家狄奥尼修斯·佩里格特斯(Dionysius Periegetes)的说法,到公元300年,英国出产的羊毛已经"非常精细,堪比蜘蛛网"。[2]

有一种观点认为,罗马人从地中海带来了自己的羊群——羊毛细腻的白绒羊,它们喜欢英格兰南部和东南部食物丰富的草原和沼泽地,这些地区后来成为萨福克、诺福克和科茨沃尔德等蓬勃发展的羊毛生产区。

我们很难知道,在公元410年罗马人最终放弃英国之后,以及在我们错误地称之为"黑暗时代"的那几年,英国的绵羊和羊毛"产业"是什么样子的。虽然没有很多资料可以利用,但现存为数不多的文献表明,当时很多人都在蓄养羊群,并且大多数是为了获取羊毛。最早的记录之一是公元697年,肯特国王维特雷德(Wihtred)将拥有300只羊并位于罗姆尼沼泽(Rumining seta)的牧场赠送给利明奇(Lyminge)的圣玛丽教堂。[3]

公元796年,法兰克国王查理曼写信给英格兰的麦西亚国王奥法(Offa,盎格鲁-撒克逊人)。这封信是英国历史上现存最古老的外交文件,信中提到了麦西亚人与法兰克人的羊毛斗篷贸易。这封信记录了一种更古老的毛织品贸易方式。查理曼大帝说,他的臣民非常喜欢购买"过去他们常来我们这里卖"的那种风格的斗篷。⁴而且，正如我们在第五章中所提到的，历史上有数百个以Ship、Shap、Shep或Skip（盎格鲁-撒克逊语和北欧语中与绵羊有关的遗留词）开头和绵羊有关的地名，这表明在中世纪早期，不列颠群岛的内部和外部都存在着活跃的养羊业和相关的贸易。

到1086年《土地赋税调查书》*出版时，羊已成为英国的头号农产品。诺曼征服英格兰后不久进行的一项调查显示，整个英格兰的羊比所有的牛、猪和家禽加在一起还要多。诺福克、萨福克、埃塞克斯、剑桥郡、康沃尔、德文、萨默塞特和多塞特的大片庄园共有近30万只羊。光是剑桥郡伊利修道院（Ely Abbey）的僧侣们，拥有的羊就超过了13,000只。

许多大规模的羊群拥有者是修道院或宗教团体。例如12世纪初的记录显示，一群修女在科茨沃尔德的明钦汉普顿共同区（Minchinhampton Common）放养了近2000只羊。⁵12世纪末，理查一世从十字军东征归来时被奥地利的利奥波德公爵俘虏。他的15万马克赎金（按今天的货币计算约为2亿英镑）中部分用5万袋英国羊毛支付，这几乎是英国熙笃会**修道院和普雷蒙斯泰伦家族的全部羊毛年产量。纺织历史学家计算出，这一巨大的羊毛数量需要1000万到1300万只羊来出产⁶——这相当于

---

* *Domesday Book*，诺曼公爵征服英格兰之后制作的土地调查清册——译者注

** 天主教修会，遵守圣本笃会规，但是反对当时的本笃会，属于修院改革势力——译者注

英格兰、威尔士和苏格兰的每个男人、女人和孩子都有4只羊。[7]（理查一世剩下的赎金是通过其他手段筹集的，有从伯爵、男爵到商人和自耕农的所有收入中征收的25%的普遍税，以及教堂"捐赠"的金银器皿）

　　修道院是养羊的好地方，很多修道院都拥有大片开阔的牧场，其中大部分只适合牧羊。他们也有充足的劳动力，包括来自周围村庄的信奉者（有偿耕作的僧侣）和普通工人。修道院充当了外围农场和农庄羊毛的"中央仓库"，是整个地区羊毛的集散地。整个地区的羊毛都可以在这里倾倒、分级和捆绑，以备出口。

　　熙笃会还垄断了羊毛加工市场。他们通过细致的清洗、干燥、分类、称重和精心包装，巧妙地增加了羊毛的价值。这一过程对小规模农场主来说往往太耗时、成本太高。[8]传统上，僧侣们都应该穿深色的衣服，但熙笃会上层决定不再使用昂贵的染料，而是穿不染色的米白色毛线衣服，以展示他们的清贫。对于一些人来说，这一举动让熙笃会带有比那些"浮夸"的教团（如本笃会）更"虔诚"的意味。对另一些人来说，穿白色羊毛服饰完美地表达了熙笃会教徒道德上的纯洁。正如熙笃会僧侣兼作家沃尔特·丹尼尔（Walter Daniel）在12世纪末写的那样：

　　　　因为他们的声誉来自这样一个事实：他们穿着未染色

的羊毛衣物,就像天使一样,这些衣物都是用纯羊毛纺出并织成的。他们这样命名,这样穿戴,像一群海鸥一样聚集在一起,他们在行走时闪耀着如雪的白色。[9]

对于羊毛贸易,最具讽刺意味的是:修道院最初养羊是为了过一种简朴而自给自足的生活,现在却变得非常功利。全国各地的宗教机构都非常擅长做"羊毛生意",他们甚至开始出售自己产品的期货。羊毛贸易商同意提前购买未来3—4年的羊毛,他们有时甚至在羊真正产毛的20年前就收购了该年羊毛的年产量。修道院喜欢这种安排,因为这为他们提供了一种财务规划的手段——羊毛价格可以在前一年到下一年过渡期间大幅波动。同时,期货买卖也给了他们一个现成的资金来源,可以用于当下的运营成本、缴纳教皇税收和投入建筑工程。羊毛商人也喜欢这种安排,因为这保障他们能够获得具有竞争力的高价值羊毛,而且往往是打了大折扣的。

大部分羊毛预售协议都是意大利商人和英国修道院签订的。通过实际上借钱给修道院,意大利商人从两个方面获得了巨大的利润:一个方面来自出售成品布(或将羊毛卖给其他意大利布生产商),另一个方面是对以羊毛为抵押的贷款收取高额利息,通常在10%—40%之间。[10]

少数几个意大利家族主导着利润丰厚的羊毛贸易和银行业这

两大业务,其中最著名的是美第奇家族。在14世纪到17世纪这300年的大部分时间里,他们控制着佛罗伦萨的政治、社会和文化生活。美第奇家族以其商业头脑和对精明联盟的贪婪胃口,在短短几代人的时间里,就从小规模的羊毛生产商变成了全球银行家和拥有政治势力的家族。这些财富既可以买到权力,也为文艺复兴时期一些最伟大的艺术家和思想家提供了赞助。如果没有从事羊毛贸易和放贷的美第奇家族,可能永远不会有有史以来最伟大的艺术、科学和建筑成就。美第奇家族支持了布鲁内列斯基、多纳泰罗、弗拉·安杰利科、波提切利、列奥纳多·达·芬奇、马基雅维利、米开朗琪罗和伽利略等人,为钢琴的发明提供了资金,并资助了歌剧这种艺术形式的发展。除了与欧洲各国皇室联姻,美第奇家族还产生了四位教皇。其中尤其值得一提的是强硬派教皇克莱孟七世(1523—1534任职教皇),他最出名的事迹是将英格兰的亨利八世逐出天主教会,因为亨利八世取消了与阿拉贡的凯瑟琳的婚姻,转而与安妮·博林(Anne Boleyn)结婚。

在修道院,羊毛业和银行贷款之间这种令人新奇的结合并不总是按计划进行。宽松的信贷几乎总是伴随着崩溃,即使是在经济繁荣时期也是如此。历史文献也显示,由于修道院无法兑现承诺,约有十分之一的预付合同告吹。在羊病大流行期间,失望的买家数量肯定要比过去高得多。例如,约克郡里沃克斯修道院(Rievaulx Abbey)的债务记录就揭示了当时经济惊人的失态表现。

整个13世纪80年代，该修道院一直在与两个富有的意大利商人相互博弈，同时向两方承诺羊毛年产量，以换取巨额预付资金。修道院的运营成本很高，雄心勃勃的建设计划也需要资金，所以"抵押"他们未来的羊毛产量似乎是一个明智的决定。然而，羊群却因疮痂而遭受重创，给里沃克斯留下了越来越多的债务。到1291年，随着成本的飙升，修道院院长被迫屈辱地解散会众，对客人和旅行者关闭大门，并将他的僧侣送到该地区不同的熙笃会修道院，直到修道院的现金流得到改善。[11]

到了14世纪，大多数英国出产的羊毛都被运往国外，特别是两个目的地：低地国家和佛罗伦萨，这两个地方都是生产高级布料的核心区域。但是，由于当地没有足够的羊毛来满足需求，而且自产的羊毛太粗，无法织成"无与伦比的布料"，所以这两个地方都被迫进口大量羊毛。英国的羊毛出口很大程度上得益于其占有的法国领土——西南部的加斯科尼地区，以及最重要的东北部海峡港口加来。

很多国家的部分细羊毛也进口自勃艮第和西班牙。北非的柏柏尔人在12世纪将拥有白色卷曲绒毛的美利奴品种引入西班牙南部。但英国凭借其掌握现代细羊毛品种的先发优势（如科茨沃尔德和林肯）夺得了领先地位。这一次，英国多雨的气候占据了优势，潮湿的天气带来了更长的放牧季节和充足的草料，让生产羊毛的绵羊茁壮成长。

英国对羊毛市场的掌控是众所周知的，甚至在当时就有一

10 "绵羊支付了一切"

位来自阿图瓦的诗人在他的诗歌中使用"把羊毛运到英国"这个短语,意思就像我们现在说的"把煤运到纽卡斯尔"一样[*]。[12]如果出口供应中断,外国织工很快就会受到影响。英国编年史家海明威声称:"1297年,当这种中断发生时,整个弗兰德斯地区的产业几乎凋敝……因为人们无法得到英格兰的羊毛。"[13]仅仅40年后,即1337年,当爱德华三世暂停向欧洲大部分地区出口羊毛时,低地国家再次迅速陷入困境。

英国的繁荣在很大程度上依赖于羊毛,甚至有记录记载:"英国的贵族们在议会上宣称……羊毛代表了英国财富的一半。"[14]爱德华三世深知这一点。当他需要资金来支持他对法国的军事野心时,他便求助于羊毛业。他的目标有两个:第一,通过对英国最有利可图的贸易征税来尽可能多地筹集现金;第二,用羊毛出口作为"说服"盟友加入他阵营的武器。爱德华三世通过威胁停止英国羊毛出口至弗兰德斯等依赖羊毛的外国地区,威逼他的外交"朋友",使其效忠。

仅在一年的时间里,英国的羊毛商人就向爱德华三世提供了相当于今天2亿5000万英镑的贷款,并承诺将3万袋羊毛利润的一半支付给他。作为回报,国王只允许那些同意提交利润的商人出口羊毛。爱德华三世对羊毛贸易相当痴迷,他甚至命令大法官在

---

[*] 意思是"多此一举"——编者注

会议期间都要坐在一捆羊毛上，以象征羊毛对英国经济的重要性。

"Woolsack"（羊毛袋）这个词现在指的就是上议院议长所坐的羊毛填充座椅，这是一个用深红色布覆盖的巨大方垫。1938年，"羊毛袋"被重新装填，那时人们才尴尬地发现，几个世纪以来，它一直是用更便宜、更粗糙的马鬃填充的。不用说，它被匆忙地重新填充了来自英国和英联邦各地的羊毛，作为团结的象征。虽然最初的"羊毛袋"被认为是议会的象征，但实际上它还有另一个作用。在议长"羊毛袋"的后面是法官的"羊毛袋"——一个更大的坐垫，由高级法官在国家开放日（State Openings）期间使用，即上议院成员在众议院正常开会期间使用，并且这也是对法律顾问在中世纪议会中发挥关键作用的时代回声。在13世纪到15世纪之间，羊毛使中世纪英国社会的某些成员变得非常富有。正如诺里奇的主教约瑟夫·霍尔（Joseph Hall）在17世纪宣称的那样："人们习惯上认为英国有三大奇迹：教会、女人和羊毛。"伦敦、南安普敦、波士顿和赫尔等城市的港口不断扩建，以应对不断增加的羊毛出口量——每个主要港口的关税都由专门任命的税收人员（称为"收税员"）征收，然后他们将钱转交给"客户"（customer），确保其安全返回伦敦金融城并进入国库的口袋。

"搜查员"也受雇于港口，他们要确保所有的关税都已正确支付，并会逮捕任何使用假币交易的人。羊毛商人被要求到特别

10 "绵羊支付了一切"

安排的"海关大楼"报到。在那里,一套巨大的天平对即将运往国外的羊毛包裹进行称重,并当场计算关税。最繁忙的时候,几乎98%的海关收入都来自羊毛出口。此外,尽管征税的第一个书面证据可以追溯到8世纪麦西亚的埃塞尔巴尔德(Aethelbald)国王时代,但我们要感谢绵羊,正因为绵羊才建立了英国女王的海关制度,且沿用至今。

然而,并不是所有人都愿意支付出口税。"猫头鹰"(Owling)(之所以这么称呼这些人是因为这种走私行为通常在晚上进行,走私者会互相"叫喊"发出信号)就会犯下将羊或羊毛偷运出境的犯罪行为。爱德华三世在法律中规定,国家必须对那些搞"走私"活动的人进行残酷惩罚。伊丽莎白一世时期的法规要求任何被逮捕的人"应遭受整整一年的监禁……在这一年里,应在一些公开的集市日的集市上砍掉他的左手,并在最繁华的地方把他的左手绑起来示众"。[15]后来,对法律的其他修正案还增加了没收货物的羞辱性惩罚,对肇事船只的船长和所有水手处以3年监禁,并将其遣送至殖民地7年。

17世纪,"猫头鹰"活动盛行,尤其是在英格兰东南部罗姆尼沼泽的广阔地带。天气晴朗时,走私者甚至可以从肯特和东苏塞克斯的海岸线看到法国。走私者中有很多都是当地的渔民,很熟悉沿海的洞穴和海峡,这使他们有可能秘密装载船只,并在夜幕的掩护下航行。1689年,英国通过了一项法案,即宣布与法国的所有贸易为非法,以希望能通过这项法案保护英国的羊毛纺织业。但这项法案只会让"猫头鹰"活动加倍频繁:在同一年,48万磅(约21.8万公斤)的羊毛被走私到法国。[16]

英格兰南部海岸的走私活动已不再是浪漫的、罗宾汉式的事业,而是一种有组织的犯罪活动,目的是迎合庞大而贪婪的市场。从17世纪末期到19世纪初,走私一直是一个冷酷无情的行业,即使以当时的残酷标准来衡量,通常也够得上"极端暴力、无情和血腥"的标准。[17]几乎所有人都参与其中。犯罪团伙通常由当地贵族提供资金。在地方官员的保护下,当地村民和市民窝藏这些团伙,就连税收官员也免不了受贿,只有偶尔出现的勇士才会挑战这些团伙。1714年,海关官员休·哈斯内特(Hugh Harsnet)和水手丹尼尔·盖茨(Daniel Gates)自告奋勇以非法出口羊毛为由起诉一个叫托马斯·坦纳(Thomas Tanner)的"猫头鹰"。令人惊讶的是,他们赢了,并在此过程中获得了40先令的奖励,[18]这相当于一个熟练工匠22天的工资。

对哈斯内特和盖茨来说,这笔赏金是一笔可喜的意外之财,但与最精明的羊毛商人在羊毛贸易高峰期赚取的惊人利润相比,这也只是小巫见大巫。勒德洛的劳伦斯(Laurence of Ludlow)是最早也是最成功的企业家之一。他是一位富有的商人,羊毛为他带来了财富、影响力和成为国王耳目的机会。从13世纪70年代起,劳伦斯就是一个对生意很钟情的羊毛贸易商,这是他从已故父亲那里继承来的生意。他从什罗普郡（Shropshire）和威尔士马奇（Welsh Marches）地区的修道院、农民和地主那里交易羊毛，当他不在什鲁斯伯里（Shrewsbury）或伦敦的某个办公室工作时，他会去国外出差以达成利润丰厚的羊毛交易，例如，去法国香槟（Champagne）的大型贸易展览会。

劳伦斯用他的钱买下了斯托克塞（Stokesay）庄园，并开始建造他梦想中的家园——斯托克塞城堡（现在是英格兰保存最完好的中世纪庄园之一）。财富还让他在宫廷中获得了影响力。当爱德华一世威胁要没收整个国家的羊毛供应时，劳伦斯说服他通过提高羊毛出口的关税来筹集资金。劳伦斯还成了国王的出资人（paymaster），向当时英国的海外盟友运送羊毛和金钱。

然而，在一次旅行中，灾难还是降临了。1294年11月，劳伦斯的船队出发前往佛兰德斯。在海上航行了几天后，劳伦斯的船只遇到了风暴，在萨福克海岸失事。劳伦斯葬身大海的消息传得很快，一直受到爱德华一世严厉税收打击的羊毛生产商几乎无法掩饰自己的喜悦。正如一位编年史学家在邓斯特布尔修道院的年谱中所写的那样："（因为劳伦斯）对羊毛从业者犯了重罪，他在一艘装满羊毛的船上被海浪吞没了。"[19]这些中世纪的商人显然并不会对此多愁善感，就在他淹死几天后，劳伦斯的一些羊毛被人从海里打捞上来，晒干后转售，并带来了丰厚的利润。[20]

当然，并不是所有的羊毛商人都会遭遇这样糟糕的结局。许多农民、中间商和地主通过中世纪的羊毛贸易发了财，后来都把钱用来建造全国最好的房屋、公会大厅和公共建筑。英国一些非常美丽、非常受欢迎的城镇和村庄，如萨福克郡的哈德利（Hadleigh）、拉文纳姆（Lavenham）、朗梅尔福德（Long Melford）、伯里圣埃德蒙兹（Bury St Edmunds）和克莱尔（Clare），以及格洛斯特郡（Gloucestershire）的奇平卡姆登（Chipping Camden）、伯福德（Burford）、斯托－安－沃尔德（Stow-on-the-Wold）和比伯里（Bibury），它们巨额的不动产财富都要归功于羊毛贸易。

奢华的消费并不仅限于修建私家建筑。依靠羊毛致富的家庭为当地教区教堂的建设或扩建做出了巨大贡献，他们往往会创造出与小村庄的会众完全不相称的礼拜场所。他们的动机很复杂，真正的虔诚、炫耀的欲望和黯淡的愤世嫉俗，这些混合因素鼓励了这些富有的捐赠者。具象的慈善行为或"夸张地展现"是富裕的商人和他的家人通向天堂最快捷，甚至是最便宜的方式。

例如，位于诺斯利奇（Northleach）的"科茨沃尔德大教堂"（Cathedral of the Cotswolds），即圣彼得和圣保罗教堂，是对当地羊毛商人的重大纪念。他们的生活因羊毛而改变。这所教堂不仅在15世纪中叶用羊毛资金进行了重建和翻新（当时诺斯利奇是科茨沃尔德最繁荣和最重要的羊毛生产镇），而且还竖立了许多中世纪的"铜牌"（brasses），即当地慈善家的纪念牌。

纪念牌上所绘的大多数商人的脚都放在羊或羊毛袋之上或旁边，以显示他们财富的来源。

在这些纪念牌中隐藏着一些有关羊毛贸易的有趣故事。其中有一块纪念牌是一个女人的脚踩在了羊和羊毛袋上，这表明她自己就是贸易商。另一块纪念牌上是约翰·福泰（John Fortey），他是教堂最大的独立捐赠者。他穿着一件华丽的毛皮长袍，身上挂坠着他的"羊毛标记"——也就是每个商人的签名印章，显得十分富有。显然，福泰渴望赢得上帝的青睐，他在遗嘱中不仅捐赠巨额资金来完成教堂的翻新工程，还向格洛斯特城堡的每一个囚犯遗赠了现金，为穷人捐赠200英镑用于制作布匹，为牛津大学的一名学生提供4年的助学金，为80名已婚贫困妇女提供每人1英镑的资助，还为当地其他120座教堂的维护工作提供每座1/2马克（以当时的货币计算约为6先令10便士）。[21]

不管这些不断修复建筑文化遗产的行为背后的理由是什么，很少有人对其结果提出异议：英格兰的羊毛教堂就是中世纪工艺和建筑最著名的例子之一。除了诺斯利奇的圣彼得和圣保罗教堂，最著名的例子还有塞伦塞斯特（Cirencester）和伯福德（Burford）的圣约翰浸礼会教堂（St John the Baptist），奇平卡姆登（Chipping Campden）的圣詹姆士教堂以及奇平诺顿（Chipping Norton）的圣玛丽教堂、诺福克考斯顿的圣艾格尼丝教堂（St Agnes in Cawston）、沃波尔（Walpole）的圣彼得教堂、萨勒

（Salle）的圣彼得和圣保罗教堂、索斯沃尔德（Southwold）的圣埃德蒙教堂（St Edmund）、朗梅尔福的圣三一教堂（Holy Trinity at Long Melford）和拉文汉姆（Lavenham）的圣彼得和圣保罗教堂等等。这样的教堂甚至有数百座之多，仅诺福克郡就有635座。

羊毛教堂的建造和室内设计需求支撑了数百名工匠的生计，他们中的许多人从欧洲各地到这些建造教堂的地方工作。大量的石匠、雕刻家、彩绘玻璃制造者、刺绣师、木匠、画家、镀金工和金属工人因为羊毛贸易的利润而得以保住工作。移民并不是最近才出现的现象，仅在中世纪的萨福克郡就有1000多份外国工人在本地的生活记录。例如1483年的一份记录显示，[22]有两名住在朗梅尔福德（Long Melford）的佛兰德工匠：画家安东尼·拉莫森（Anthony Lammoson）和雕塑家亨利·费里普（Henry Phelypp），他们在约翰·克洛普顿（John Clopton）爵士的赞助下工作。约翰·克洛普顿爵士是一位富有的羊毛商人，他曾资助圣三一教堂的拆除和重建工作。就在几年前，约翰爵士曾与其他五人一起被捕：牛津伯爵约翰·德·维尔（John de Vere）、牛津伯爵约翰·德·维尔的儿子奥布里·德·维尔（Aubrey de Vere）、托马斯·图德汉姆爵士（Sir Thomas Tuddenham）、威廉·泰瑞尔爵士（Sir William Tyrrell）和约翰·蒙哥马利爵士（Sir John Montgomery）。其他五个人都因为给前国王亨利六世的妻子写信而被爱德华四世关进了伦敦塔，因为这个行为在约克党人爱德华废黜了兰开斯特派的亨利之后，被定性为一种叛国行为。其他人都被斩首了，但约翰爵士却幸免于难。在其他人被处死时，约翰爵士能活下来的确切原因尚不清楚，但很可能是他做羊毛产业挣的钱救了他。约翰爵士同时也是当地教区的大赞助人，是许多其他富人财务事务的执行人，也是诺福克和萨福克郡的治安官。[23]在中世纪的英格兰，羊毛似乎不仅可以买到往生之处，还可以买到一些安全保障，或者，用纽瓦克的一位羊毛商人家里铭文上记录的话说："我感谢上帝，并将永远感谢，是绵羊为我支付了一切。"[24]

11

羊吃人

Sheep Devour People

幽灵船、
发霉奶酪和"滚出我的土地"

1349年5月，一艘装载着几袋羊毛的船在挪威海岸搁浅。当好奇的当地人登上遇难船只时，他们惊恐地发现船上所有船员都已死亡。这艘船从伦敦出发前往卑尔根以后，水手们一个接一个地死于高烧和水泡的痛苦之中。挪威的村民们不知道的是，在他们登上这艘"幽灵船"的同时，他们可怕的命运也就此注定了。

黑死病*席卷了整个欧洲，使城镇和村庄遭受灭顶之灾。这场灾难的传播在很大程度上是因为在欧洲最繁忙的港口之间来回运送原毛、成品布的商船同时也携带了致命的鼠疫耶尔森氏菌。瘟疫流行即将结束时，它已经杀死了大约欧洲人口的一半**。在黑死病发生约100年后，绵羊对英国农村经济的影响力更加凸显。

没有受到疾病致命影响的地方寥寥。一些地区的人口出现了灾难性的下降，特别是那些与欧洲大陆频繁接触的地区，例如东安格利亚（East Anglia）。诺福克大雅茅斯镇（Great Yarmouth）

---

* 即鼠疫，从1347—1353年夺走了欧洲2500万人的性命，占当时欧洲总人口的三分之一——编者注

** 实际是约三分之一的欧洲人口病死——编者注

的9000多居民仅在一年内就死了7000多人。[1]更南部的罗姆尼湿地（Romney Marsh）也遭受了严重的人口打击。可能是走私者把疾病带到了英格兰东南部这个僻静的角落。之后，原毛和他们的违禁品从这里被走私者一同走私到了法国，而老鼠和瘟疫也随着他们的走私品一起进入了法国。罗姆尼湿地的一些村庄被遗弃，从此再也没有人居住。

在罗姆尼湿地和其他的英国地区，黑死病带来的人口下降意味着没有足够的劳动力耕种土地。存活下来的幸运儿随之发现，他们可以要求获得更高的工资。政府和大地主开始越来越重视农村劳动力增长的意义，穷人们显然也产生了"高于他们地位的想法"。

1351年的英国劳工法令试图将工资固定在1345年的水平。几年后，法国政府也出台了类似的立法。农民可以控制特权阶层权力的想法颠覆了整个社会的传统观念，这使得14世纪的社会上层深感不安。乔叟（Chaucer）的朋友约翰·高尔（John Gower）回忆了在社会界限被如此"肆意践踏"之前的"美好时光"：

> 古代的劳动者不习惯吃小麦面包，他们的饼是用麸子和别的谷物做的，他们喝的是清水。那时，奶酪和牛奶就成了他们的盛宴，除了这些，他们很少有别的食物。他们的衣服是纯灰色的。当时人类世界秩序井然。

这一时期造成的最奇怪的结果是政府居然颁布了一系列"禁止浪费法"（sumptuary laws），也就是一些旨在限制人们购买和穿戴水平的规则和条例。这类法律的意思很清楚：你消费的东西标志着你的社会地位。在当时，服装尤其能显示一个人的身份地位。中世纪的"精英们"认为，新富的"下层阶级"穿奢侈的"上层阶级"服装会引起阶层错乱。1363年英格兰颁布的《饮食和服饰法令》（The Statute Concerning Diet and Apparel），几乎是歇斯底里地想要把人们限制在社会所规定的条条框框里。虽然拥有价值超过1000英镑（相当于今天的100万美元）土地的地主可以随心所欲地穿衣服，但社会的其他阶层都受到了基于财富的生活限制。

随着个人财富的不断减少，允许拥有的衣服的档次也变得越来越低。对大多数人来说，毛皮和贵重织物被禁止穿着：不能穿黄鼠狼皮、貂皮以及用宝石装饰的衣服，不能穿金丝布料，不能用丝绸等等。在社会最底层，"车夫、耕夫、犁夫、牧牛人、牧羊人，以及所有其他拥有少于40先令的货物和动产的人，只能身穿价值不超过12便士的毯子和土布制的衣服，并根据他们的财产系上亚麻布做的腰带"。[2] 土布（russet）是一种粗糙、廉价的棕灰色毛布。穿上它的人一眼看上去就会让人觉得很穷，但对某些人来说，它成了虔诚的标志。属于方济各会等修行会的牧师会穿上这样的土布衣服，以宣示他们的苦修精神。大约300年后，在英国内战期间，议会将军、未来的英国护国公奥利弗·克伦威尔（Oliver Cromwell）在给威廉·斯普林爵士（Sir William Spring）的信中尖锐地指出："我宁愿要一个穿朴素的土布衣服的队长。他知道他为什么而战，并且坚定自己的信仰，这些'一无是处'的人比起你口中所谓的绅士强多了。"[3]

人口的显著减少也改变了英国的社会面貌。养羊是唯一一种不需要太多劳力的农业，一个牧羊人就可以照料大片的牧场。当时，羊的数量急剧增加。例如，1348年，温彻斯特主教的庄园里有22,500只羊。到14世纪50年代中期，这一数字增加到30,000只，到1369年达到高峰，接近35,000只。[4]

但是英格兰在环境和经济上所发生的最大的变化却是圈地的结果。自罗马人入侵以来，英国乡村的一些地方就开始热衷于耕种。到《土地赋税调查书》出版的时候，大约有800万英亩的土地有人耕种。不像那些还保留着大片荒原的欧洲西北部一些地区，当时英格兰中部和南部的大部分地区都被占领了："要想在半天以上的时间里出行，又不与人接触是很困难的。"[5]耕地尤其重要，但除了国王，几乎没有什么土地是完全归某人所有的。国王将某些权利授予地方领主，然后由他们将土地出租给佃户。作为对租金和劳力的回报，佃户有权耕种土地和进入公共区域，如林地等。在那里，佃户可以行使某些公共权利，这些权利可能包括捕鱼的权利、割草作燃料的权利、取倒下来的木头作燃料的权利、捡取砌墙用的石头或石灰的权利、把猪放到林地（林地放牧）以及在公共牧场上放牧的权利。

古代的"开荒"制度是在公有制的基础上运作的。每位领主都有一块被称为庄园的土地，庄园被划分为田地，然后再被划分为狭长的土地。佃户手中的土地类型是混合的，有些很肥沃，有些则贫瘠。在理想状态下，每个佃户都有大致相同数量的可耕地。田野和狭长地带几乎没有边界，也没有墙、沟渠或高高的树篱，并且由家庭或个人照管。每个佃户负责的土地中其中一块地可能用于种植小麦，另一块地用于种植冬季饲料，还有一块地用于放牧。几个世纪以来，这种共享田地的制度一直存在。佃户希望种植足够的东西来维持生计，甚至在丰收的年份，将任何交付完租金后剩余的东西换成货物或钱。村民们会聚在一起耕种、收获，一起解决任何争端或涉及共同利益的土地问题。作为小农，他们的生活本来是艰难的、不稳定的，但在开荒制度下的生活至少是相对自足和平等的。

随着黑死病后人口锐减，雇佣要支付的工资不断上涨，但市场对英国羊毛的需求却几乎没有松动的迹象。大地主或农民团体开始将大片土地围起来，开辟出大片区域来放牧羊。边界出现了，几百年来一直行使的权利被实质性的土地私有化取代。这个过程起初是零散的、非正式的，有时甚至是在一群农户的合作下进行的。但已经形成的"私有"观念将永久地改变人们对土地所有权的看法：拿到土地成为一种特权，而不是一种基本权利。

第一次圈地运动发生在14世纪到17世纪之间，成千上万的人被剥夺了土地。当其中一些农民妄图在法庭上寻求赔偿时,更多的农民已经开始考虑采取直接的起义行动来解决问题了。再加上几十年的高税收、通货膨胀、饥荒、瘟疫、战争的影响,以及众多教徒认为财富不平等是违反上帝教诲,各地出现了一些注定走向失败的民众起义,其中包括1381年瓦特·泰勒(Wat Tyler)的农民起义、1450年杰克·凯德(Jack Cade)的叛乱和1549年凯特(Kett)的叛乱。参与这些起义的许多人的名字今天仍然被当作勇敢的英雄来颂扬,但1607年中部起义的英雄约翰·雷诺兹(John Reynolds)的名字却鲜为人知。

像所有有趣的故事一样,这个故事是由一个哑剧中的恶棍起头的。托马斯·特雷沙姆爵士(Sir Thomas Tresham)是个贪婪的地主,他因为在整个教区实行猖獗的圈地行为而广受憎恨。特雷沙姆无视请求,甚至无视针对他的法律裁决,持续吞并土地,赶走农民和佃户,用羊群取代他们。1607年春天,托马斯·特雷沙姆和他的儿子弗朗西斯已死(弗朗西斯因参与火药阴谋而被处决),但这个家族对圈地的嗜好有增无减。北安普敦郡的人们对此已经受够了,他们在约翰·雷诺兹的带领下开始反抗。他们心目中的英雄——约翰·雷诺兹是个没有受过教育的修补匠,他坚信上帝会站在他这一边。他的腰带上挂着一个皮袋,里面放着神秘的东西。他声称,皮袋里的东西能保护他的追随者免受伤害,保证他们最终取得胜利。

4月,拉什顿(Rushton)爆发了骚乱,次月又蔓延到邻近的莱斯特郡（Leicestershire）和沃里克郡（Warwickshire）。在莱斯特郡的科特斯巴赫（Cotesbach）有多达5000人加入了雷诺兹的队伍。雷诺兹被称为"皮袋队长"（Captain Pouch）。为了抗议，他们推倒篱笆，填埋沟渠，擦洗树篱。尽管他们热情高涨，但叛乱很快就被国王的民兵镇压了，"皮袋队长"也被捕了。他被指控并被判处特别为叛国者保留的惩罚——绞刑、拖行和分尸。他死后，皮袋被打开，人们才发现激发了整个叛乱的神秘物品原来只是一坨发了霉的奶酪。

圈地对穷人的影响往往是灾难性的。几乎没有人因失去公有土地而得到补偿，传统的农民被依赖雇佣劳工制度的农业无产阶级取代。在旧的开荒制度中，佃户被保留下来，无论好坏，这些庄园主人都要肩负起家长式责任。对他们而言，保证佃农的生命和相对健康不仅具有合理的经济意义——因为他们的财富来自佃农的努力——而且还会让他们获得"仁慈的地主"这样的社会声誉。

在此之前，教会一直认为照顾穷人、受压迫的人、寡妇、孤儿、年老体弱者是他们的道义责任。因此修道院和教会医院定期会向穷人发放救济品，无论他们是否身体健康。贫穷并不是一种道德沦陷，它只是不幸环境的结果，当然也并不是通过惩罚就能消除的。圈地、瘟疫、修道院的消亡、无地人口的增加，这些"毒瘤"的结合导致了一个新的穷人阶层产生——"流浪者"。他们要么是从一个教区流浪到另一个教区，要么从一个城镇奔赴另一个村庄，或者是从一个村庄到另一个城镇，不断拼命地寻找工作。如果说这其中有什么不同，那或许是政府计划处理他们的方式。

在过去，统治者是可以接受穷人乞讨的——这是失业的穷人可以生存的唯一合法方式。事实上，那些当时熟悉圣经教义的人应该知道贫困人口本应得到宗教的保护。根据《路加福音》，耶稣对门徒说："你们贫穷的人有福了，因为神的国是你们的。"《以赛亚书》第10章1—2节说："那些制定恶名律法的人有祸了，他们颁布暴虐的律例，拒绝为困苦人申冤，在我民中欺哄贫穷人，以寡妇为掠物，抢夺孤儿。"

然而，在黑死病发生后，限制工人工资的《劳工法令》(*The Statute of Labourers*)却对如何处理身体健全的乞丐提供了明确的指示——将他们扣押并让他们工作。这是公共政策第一次将穷人分为"应救助的"和"不应救助的"，这个概念至今仍渗透在社会政策中。

随后与贫困救济有关的议会法案都建立在这种惩罚"闲人"的概念之上，也就是那些在社会的眼中主动选择不工作的乞丐和流浪者。颁布于1495至1597年间的多部《流浪者法案》(*Vagrancy Acts*)，对乞讨和流浪提出了一系列残酷的压制措施。例如，1531年颁布的《流浪者法案》明确规定：只有"老弱病残"才能乞讨。即使这样，他们也需要授权书才能乞讨，而且只能在某个教区或地区乞讨。那些被发现在他们的"区域"外乞讨或没有官方授权的人，将面临被关进牢房和被剥光上衣并被鞭打的羞辱和惩罚。而这还仅是在对方是合法乞丐的前提下会出现的结果。任何"身体健全、强壮、有劳动能力"[6]的男子、妇女或儿童如果被抓到乞讨，都会受到当地治安官的严厉对待：

> 每位治安官都应根据他们自己的判断，把每个这样的闲人带到邻近的集市上，或其他最方便的地方。在那里，受刑者将被赤身裸体地绑在车尾，用鞭子抽打，再被车拖行穿过整个城镇或拖至其他城镇，直到他的身体血流不止。在这样的惩罚之后，他将被责令发誓立即返回他出生的地方，或者他最后居住了三年的地方，并在那里像一个真正的人那样自食其力。[7]

根据随后由爱德华六世1547年通过的《流浪者法案》，身体健全的乞丐会被打上字母"V"的烙印，并被合法奴役两年。他们的主人被要求为他们提供面包和水，但同时主人也有自由按照认为合适的方式殴打、鞭笞或锁住他们。流浪儿童在未经父母同意的情况下，也可以被买卖并为他人服务直到成年。尽管1547年的法案中的奴隶制因素使其不受大众欢迎，并于1550年被废除，但在随后的1572年法案中却又以国家认可的酷刑取代了之前的规定。"所有流浪汉都要被残忍地鞭打，并用直径一英寸（约2.5厘米）的热铁烧穿右耳软骨"——这些威胁并不只是摆摆样子，乞丐们真的会受到这些严酷惩罚。例如，1630年，诗人约翰·泰勒（John Taylor）就在伦敦的街道上数出了60根用以惩罚乞丐的鞭笞柱——当地人称之为"宗教改革柱"（Posts of Reformation）。[8]

当时的作家和评论家们并没有忽视这种早期贫困救济制度和"将农民从土地上赶走以养羊"的做法的残酷性。托马斯·莫尔的《乌托邦》出版于500多年前的1516年，它在当时的社会环境下展现出了惊人的批判性。莫尔认为圈地和富人的贪婪所造成的大规模贫困是对基督教原教旨的直接侮辱："你们的羊本来是很温顺的，吃得很少，现在……变成了巨大的吞噬者，变得如此野蛮，它们'吃'光了一切，'吞'下了人本身。它们消耗、破坏和吞噬整个田地、房屋和城市。"[9]这不仅仅是一种激进且情绪化的说法，它更是将火力直接瞄准当时社会中"最高层"的人群。莫尔还抱怨说，这些"高层人士"就像寄生虫般"吸附"在别人的劳动成果上。他认为："贪得无厌的饕餮们把他们被瘟疫诅咒过的故乡的田地连在一起，企图用一段篱笆就能侵占几千亩地，这是极其不合理的。"

全国很少有地区能逃脱土地掠夺政策的影响。甚至连莎士比亚也被卷入了一场圈地丑闻。莎士比亚和他的表弟托马斯·格林（Thomas Greene）是斯特拉特福德（Stratford）当地的小地主，他们向自己田地中的农民征收十一税。约翰·库姆（John Combe）和阿瑟·迈因沃林（Arthur Mainwaring）这两个当地的富人试图圈地,其中包括莎士比亚和格林的地块。该计划的提议者坚持认为,莎士比亚和格林会得到补偿,但斯特拉特福德当局和格林都反对,他们担心圈地会加重当地日益严峻的失业趋势,并推高谷物价格。

但令格林感到绝望的是,圈地运动还是开始了,不过该计划最终却是以基本上被放弃收场。尽管莎士比亚在《李尔王》等剧中以多种方式为被剥夺土地的人辩护,但在迫不得已的情况下,他还是会选择保护自己的利益。因为格林不知道的是,莎士比亚已经与迈因沃林达成了私人协议。无论圈地结果如何,莎士比亚都不会在经济上蒙受损失。[10]

很少有人能对圈地运动的长期影响达成共识。对于一些人来说,圈地运动代表了国家的创伤,是让一大片社会成员被永久剥夺财产的至暗时刻,或者正如历史学家E. P. 汤普森(E. P. Thompson)所言,这是"非常直接的阶级抢劫"。15世纪到16世纪的庄园记录非常细致、清晰地记下了当时的土地所有者所饲养羊数的不断变化,但很少有人记录伴随变化而来的人类的痛苦。正如一位历史学家指出的那样:"如果一个村庄规模很小,地理位置极差,而当地的地主又有足够的野心和侵略性,那么圈地就会导致这个村庄消亡。"[11]

对另外一部分社会评论家而言,圈地是农业发展的必要步骤。它意味着小农经济下的极端贫困和不确定性结束了。毫无疑问，圈地提高了土地产量，增加了英国人口，为工业革命奠定了基础，但代价是巨大的人力成本。不管你持哪种观点，到了19世纪，未被圈占的土地已所剩无几。剩下的土地主要是粗糙的山地牧场、森林和村庄绿地。如今，圈地的影响仍然存在，英格兰的一半土地归2.5万名地主所有，而这个数字不到总人口的1%。

18世纪末到19世纪初的高地清洗（Highland Clearances）是圈地历史上最黑暗的事件之一。到了18世纪中叶，为放牧羊群而圈占英国土地的冲动逐渐消失。大部分土地已经被栅栏围了起来。许多受其影响而流离失所的人已经流向城镇去工厂找工作。人口的迅速增长需要更多的土地来生产粮食。羊毛仍然是一项大生意，但是由于从印度和美国的奴隶种植园廉价进口的棉花所带来的棉纺织产业的增长，让英国的羊毛市场支配地位发生了动摇。

贪婪的目光转向了苏格兰高地。1707年的《联合法案》把英格兰和苏格兰合并为大不列颠王国。几个世纪以来，苏格兰广袤的山地牧场一直被高地部落占据，但对于那些渴望用羊取代人类的地主和商人来说，这并不是什么障碍。还有一个政治动机：英国的建制派热衷于"清洗"苏格兰的氏族，因为这些氏族曾反对两地联合，并支持1715年和1745—1746年的"詹姆士二世党人"（Jacobite）起义（这些起义试图复辟斯图亚特王朝，以取代英国的新汉诺威君主制）。

在长达一个世纪的"清洗"过程中，成千上万的高地人——男人、女人和孩子们被暴力地驱赶出他们的传统居住地，为牲畜让路。起初，许多家庭被迫搬迁到海边的贫瘠土地上。在那里，他们要靠捕鱼、采石或为肥皂和玻璃制造工业采摘海藻来谋生。例如，1793年，凯斯内斯3个内陆山谷的居民被送往巴德比亚（Badbea）。那是一个坐落在郡东南海岸陡峭悬崖上的偏远而荒凉的村庄（现已被废弃）。在那里，女人负责织布，男人负责捕捞鲱鱼。那里还允诺每户人家占有一小块地来耕种。不过，这样的生产模式毕竟已成为过去，后来，这些生产条件都消失了：原住民们被迫清理自己的土地，只能用周围的石头和岩石建造房屋。当时的天气非常恶劣，有报告说牲畜和儿童不得不被拴在柱子上，以防止他们被吹入海中。

很少有高地人是自愿离开的。许多人的房子被烧毁，有些人甚至葬身火海。约翰·普雷布尔（John Prebble）在1963年出版的《高地清洗》（*The Highland Clearances*）一书中，收集了一些关于当地人遭受创伤的第一手资料：

> 当时16岁的贝琪·麦凯（Betsy MacKay）住在斯凯尔（Skail）河边。"我们一家人都不愿意离开，"她回忆道，"并且待了一些时间。但焚烧队来了。他们把我们的房子两头都烧了，墙内的东西都化为灰烬。我们不得不逃命。"当地人为了活命不得不逃跑，有些人除了能够背上背的东西，衣服都丢了。他们被告知可以去他们"喜欢的"地

方,只要他们不占用本属于他们自己的土地就行。[12]

在另一篇记录中,当时19岁的格蕾丝·麦克唐纳(Grace MacDonald)躲在一座山上,看着自己的城镇被烧毁:

> 格蕾斯……在那里等了一天一夜,看着塞勒的人在火焰中来来去去。一只受惊的猫从燃烧的房子里窜出来时,被抓住并被扔回去,如此反复,直到它死在那里。格蕾斯·麦克唐纳说:"无论老少,都没有得到任何怜悯或同情。所有的人都必须离开,那些不能及时搬走的物品,就在他们眼前被烧毁。"[13]

一些地主为高地人提供"协助移民",为他们的家庭支付"旅费",将他们运往美国,后来的一部分人被运往澳大利亚。1826年,内赫布里底岛(Inner Hebridean Isle)的鲁姆(Rùm)被清理了300名居民,他们被打包运往新斯科舍(Nova Scotia)。虽然鲁姆的主人为每个被运送的"乘客"支付了5英镑,但他显然知道自己占了便宜。他只支付了整个社区300英镑的年租金,而留在岛上的单个养羊人和8000只羊将每年带给他900英镑的收入。[14]自公元前7500年以来,鲁姆地区有人居住的历史已经长达万年,然而在短短1年的时间里,它几乎被清空。在离开他们祖先的土地时,鲁姆的牧羊人约翰·麦克迈斯特（John McMaister）循着回忆谈到了人们被赶上前往新斯科舍的船只的事：那时正值初冬时分，"男人们疯狂的叫喊和妇女儿童撕心裂肺的哀嚎充斥在山岸之间的每一寸空气中。"这些船被称为"和谐之鸽"（Dove of Harmony）和"高地小伙子"（Highland Lad），这些名字具有十足的讽刺意味。[15]

原住民们不止一次受到极端不公的待遇，他们甚至被戴上手铐，被迫登上早已等待运送他们的船只。1851年，外赫布里底群岛巴拉（Barra）的1500名居民被骗去参加一个关于地租的强制性会议。结果，巴拉人被强制制服，并被迫登上早已预谋好把他们运送到加拿大的船只。当这些无辜者被带上船时，其中那些反抗的人甚至被戴上了手铐。任何逃跑的人都会被狗追赶并被抓起来。

只有少数巴拉居民逃到山上，躲过了追捕的土地官员的魔掌，这其中有一名12岁和一名14岁的女孩，她们的父母和其他岛民一起被带走，她们从此和父母分离。当船只最终抵达大西洋海岸时，这些巴拉居民的生活并没有好转。安大略省一家报纸《邓达斯守护者报》同年报道说："在过去一段时间中，我们在街上经常看到很多不幸的高地移民。他们显然没有任何生活来源，其中很多人还因物资匮乏和其他附带原因而生病，我们的内心感到非常痛苦。"[16]

在一段时间里，新的高地牧羊场取得了成功。而这种"成功"一直持续到19世纪70年代早期，那时的英国农业所有的领域几乎都在蓬勃发展。或者正如一位评论家所说："一切似乎都朝着利好英国农民的方向发展。"[17]绵羊养殖业的表现尤其亮眼。羊毛的价格在19世纪50—60年代之间几乎翻了一番，这在很大程度上要归功于美国内战下经济和社会混乱所带来的"棉花荒"。据高地的一位土地经纪人所说，在那个太平时期，"地主和牧羊人都……变得富裕起来"。[18]

但这种状况并不持久。19世纪末，高地养羊业因贪婪、厄运和外国竞争的混合作用而遭到灭顶之灾。那时的养羊业将短期利润置于长期可持续发展之上，许多羊场的牲畜数量过多，造成土地根本无法应付。山区牧场的肥力急剧下降。虽然一些地主减少了他们所饲养的羊的数量，但大部分人则继续维持原有的饲养水平。由于没有足够的草吃，羊无法茁壮成长，质量下降，变得更容易生病。

天气也在帮倒忙。19世纪70—80年代，苏格兰高地遭遇了一连串的严冬。最严重的一次是在1879—1880年，苏格兰的一些地区经历了一场持续3个月的大雪，牧羊人不得不用手喂养羊群。许多羊还被雪堆困住了。然而，真正的打击来自美国、澳大利亚和新西兰。这些新的殖民地接收了大规模的农牧业转移产业，再加上长途运输的快速发展，使得殖民地的羊毛价格反向大幅压低了英国本土羊毛的价格。从19世纪50年代到80年代，英国本土的羊毛进口量增长了5倍。而到19世纪90年代中期，英国70%的羊毛都来自海外。[19]

19世纪80年代，一位名叫亚历山大·麦肯齐（Alexander

Mackenzie)的民俗学家出版了一本书。他在书中声称收集了"布拉汉先知"(Brahan Seer)的预言。有人极度怀疑布拉汉先知的存在,所以认定是麦肯齐捏造的。无论真相如何,他的预言都让人匪夷所思:

> 有一天……羊群将变得非常多,它们的足迹会从洛哈尔什(Lochalsh)的康查拉(Conchra)到金泰尔(Kintail)的布恩达洛赫(Bun-da-loch),哪里都能听到羊群的咩咩叫声。此时的羊毛价格将达到最高点,从此以后将回落和恶化,直到羊毛需求完全消失……古老的土地所有者将让位给陌生的商人所有者,整个高地将成为一个巨大的鹿林。整个国家将彻底荒芜,人口减少,德鲁伊-乌赫代尔(Druim-Uachdair)以北将听不到鸡鸣。

与此同时,远在美国的另一群传统的养羊人群体也正在被取代。16世纪早期,丘罗(Churro)绵羊随着西班牙征服者来到了美国西南部。在不到100年的时间里,这个品种已经被当地的纳瓦霍人*(Navajo)接受。他们喜欢丘罗绵羊的耐寒性和对新墨西哥州、亚利桑那州、科罗拉多州和犹他州干旱土地的适应能力。

---

* 美国印第安居民中人数最多的一个部族——编者注

11 羊吃人

纳瓦霍人称自己为Diné，即"人民"。他们很珍视丘罗绵羊，因为它能产瘦肉，饲养成本低，而且它们的羊毛质量也很好，都是长而有光泽的纤维，非常适合手工纺织。丘罗羊的羊毛中羊毛脂的含量很低，因此这种羊毛在每一滴水都很宝贵的环境中很容易清洗。原住民很快就成了专业的羊毛手工艺者。他们将丘罗羊的羊毛纤维制成令人垂涎的地毯、马鞍毯、大衣和其他衣服。很快，纳瓦霍人的生计、成功和精神信仰就与丘罗绵羊交织在一起，他们认为丘罗绵羊是神的礼物。

但是，1863年，纳瓦霍人被宣布为美国的敌人。由拓荒者基特·卡森领导的美国军队被派去镇压纳瓦霍人，并接到了摧毁他们庄稼、果园和羊群的严格指令。在屠杀了无数的羊后，美军强迫9000名纳瓦霍人从他们的家园步行到300英里（约480公里）外的拘留营。许多男人、女人和儿童死在这条被称为"漫漫长路"（The Long Walk）的道路上。

那些躲过追捕的纳瓦霍人带着残存的羊群躲了起来。在接下来的几十年里，经过细心管理，他们得以恢复丘罗绵羊以及其他品种羊的数量。到20世纪20年代末，纳瓦霍人（他们被允许回到他们祖先的土地上）拥有近50万只羊。

好日子不会长久。在20世纪30年代的大萧条*期间，美国政

---

* 指的是1929—1933年间发源于美国的经济危机——编者注

府再次发出呼吁。国会认为纳瓦霍人的土地上有太多的羊，并强制实行了"减畜"（stock reduction）政策。在接下来的10年里，纳瓦霍人的羊群有近一半被宰杀。印第安土著经济陷入困境，丘罗绵羊也到了灭绝的边缘。对羊群的大规模屠杀给纳瓦霍人造成了巨大的创伤。他们坚定地不断讲述美国联邦探员在他们的羊圈里射杀羊群或在悬崖边将丘罗绵羊赶下去的故事。许多印第安人保留地仍然堆积着70年前的羊骨。

然而，这个故事的结局并非完全是悲剧。20世纪70年代初，一位犹他州的教授开始了纳瓦霍绵羊项目。他的计划是在幸存的少数羊群的基础上增加饲养数量。今天，这里的纳瓦霍人依旧放牧着几千只丘罗绵羊，但这些羊和养殖它们的纳瓦霍人面临着与过去不同的挑战。由于气候变化，美国西南部许多地区面临着持续干旱的威胁，原住民的生活方式已经处在一个微妙的平衡状态中（并有可能随时被打破）。

12

编织毛衣还是编织谎言

Spinning a
Yarn

处决日的长袜、
渔夫套头衫和让人困惑的英格兰格子

在伊丽莎白一世统治的漫长时期,海峡上的根西岛（Guernsey）出口了数量惊人的手织羊毛长袜。岛民（通常是在家工作的妇女和儿童）受中间商委托,为包括英国王室在内的欧洲市场生产急需的大量精细的针织袜。

当时的男男女女都争着穿针织紧身衣。其中最受欢迎的款式是坎尼诺斯服饰（cannions）,或称为巴萨坎农服饰*（bas a canon）,这是一种与过膝马裤一起搭穿,并以花边和丝带作装饰的男士上拉裤袜（pull-ups）。伊丽莎白女王曾花20先令（相当于一个熟练工匠20天的工资）购买了用丝绸点缀的根西岛羊毛袜。苏格兰女王玛丽**拒绝穿别的款式的衣服,她坚持要在被行刑那天穿一双白色的根西岛针织长袜。

海峡群岛的环境在出口针织品方面特别有利。15世纪,根西岛

---

* 根据17世纪马修（Matthew）和迈克尔·德·索马雷兹（Michael de Saumarez）之间的信件,在根西岛,长筒袜被称为"巴斯德坎农"（bas de canons）。资料来源：www.museums.gov.gg

** 苏格兰女王玛丽·斯图亚特（Mary I, 1542—1587年）于1567年王位遭废黜,次年起遭伊丽莎白一世囚禁十八年,于1587年2月18日以叛国罪被伊丽莎白一世处决。

的商人们联合起来，出资组建了一支当地的民兵队伍，以抵抗法国的入侵。*作为回报，商人们要求国王颁发一份皇家补助，以使岛民能够以优惠的价格进口英国羊毛。在接下来的几个世纪里，这些海峡群岛也不断认识到，自己其实正处于欧洲和新建立的遥远的殖民地（如纽芬兰）之间庞大的贸易网络中心，而经过的私掠大帆船上的船员肯定需要购买暖和的羊毛衣服。越来越多的海军水手和渔民也需要物资补助，毕竟这些人都要进行路途遥远、艰苦的海上旅行。

到19世纪中期，根西岛的蓝色套头衫已经成为英国捕鱼业男性的主要服饰。在很多地方，比如康沃尔郡和约克郡，这种套头衫的名字演变成了"gansey"，但其设计和其他地区的套头衫仍然相似。这种衣服的形状是"圆形"的，就像一个没有接缝的大管子，这样就有可能解开其中的一部分重新编织，或者在毛衣无法修复时回收羊毛。它的正面和背面是相同的，所以如果有补丁或磨损了，还可以反过来穿（据说渔民会在毛衣上擦手，然后直接把它们前后反过来穿）。这种毛衣所设计的胳膊下的夹层可以防止渔民在用力拉动渔网时拉伤毛衣，而且衣身和袖子都织得略短，以防止它们被绳索或网兜缠住。

---

* 根西岛皇家民兵被认为是英国最古老的军团之一。根西岛在其历史上一直受到入侵的威胁。1203年，约翰国王下令岛上的精英应提供"充足的人力和财力来保卫该岛免受敌人的攻击"。虽然在接下来的几个世纪里，根西岛依然会遭到袭击，主要是法国人的袭击，但该岛仍然效忠于英国王室。为了表示感谢，王室经常免除其贸易方面的税收和关税。

根西羊毛衫的编织者使用的是传统上未经洗涤的羊毛。这种原生态羊毛将羊毛中的羊毛脂保留下来，有助于让穿着者在海上航行时保持防水的状态。根西岛羊毛衫在传统上会选择蓝色，这是因为天然染料染色工艺本身具有的一个特点。菘蓝是中世纪流行的一种染料，是当时唯一不需要染衣前先清洗羊毛的染料。用菘蓝染衣意味着毛线可以直接染成蓝色，而不会失去任何天然的耐水性能。

根西羊毛衫（Guersney 或 gansey）的典型特征之一是图案。这些图案有时会铺满整件毛衣，但更多会排布在胸部和手臂的位置。这些设计的来源都是基于当地人熟悉的捕鱼意象：绳索、缆绳、鲱鱼骨、网、梯子、链条，而且往往是某个教区或地区所特有的。例如，在英格兰东北部的罗宾汉湾（Robin Hood's Bay）、弗兰博尔（Flamborough）、菲利（Filey）、斯泰特斯（Staithes）、斯卡伯勒（Scarborough）和惠特比（Whitby）等传统渔业地区可能共享同一小段海岸线，但每个地区的根西羊毛衫都有自己独特的且明确无误的图案。

手工艺技术的发展和超地域性往往通过手把手教习，每个家庭的细微之处和独特的制作模式也是代代相传。有时候这种独创性并没有什么实际的原因，只是因为创造标志性的、可识别的作品会给人带来乐趣。对于渔业地区来说，羊毛衫的特性可能有助于识别不幸落入大海的渔民尸体身份。民俗爱好者总是喜欢这么想——没有什么比被"冲上沙滩的尸体"这种可怕的主题故事更吸引人的注意力了。但纺织历史学家们对此种论断却很谨慎。渔民毛衣上的图案也会在各地传递，这主要是因为船上的"鲱鱼姑娘"会跟随鲱鱼船队季节性地游走全国各地。她们会在空闲的时候编织，并与其他当地妇女分享图案。

民间传说如果重复的次数够多，就会成为"事实"。另一种著名的渔夫毛衣——阿兰毛衣（Aran）的传奇就是如此。爱尔兰诗人谢默斯·希尼（Seamus Heaney）曾将横跨爱尔兰戈尔韦湾（Galway Bay）入口的阿兰群岛（Aran Islands）描述为"离开欧洲的三块垫脚石/像船体一样锚定在昏暗的地平线上"。[1]这些岛屿地处偏僻，美丽得惊人，它们的名字就是阿兰毛衣名字的来源。这种石灰岩般白色的扭绳花纹毛衣已经被公认为爱尔兰特产以及爱尔兰亲缘关系的标志。旅游商店会告诉你，这种毛衣有特殊的图案或针法，是几百年前古老家族或部落所独有的。人们，尤其是那些有爱尔兰血统的人，会不远万里前来购买，以穿上跟凯尔特人的文化遗产沾边的毛衣。然而，在本质上，这种将图案赋予文化意味的概念纯粹是虚构的。

关于阿兰针织品历史的真伪有很多学术争论。除了编织图案的历史，这也是一段有关移民的历史。这一切都始于一个与根西毛衣相似的故事。故事的基本情节是这样的：

> 一名渔夫穿着一件由他的女性亲属编织的毛衣，前往危险的大西洋。在大西洋中，他迷失了方向。他饱受摧残

的尸体被冲上岸后，已经无法辨认。然而，他的毛衣套头衫表明尸体属于一个特定的家庭。这个家庭因此可以认领并埋葬他的尸体。[2]

许多爱尔兰人都知道，这个故事的全貌仅仅如此。当下，这个传说依然存在，并被旅游业和羊毛贸易，特别是大西洋彼岸的羊毛贸易美化和"添油加醋"。实际上，阿兰毛衣背后的传说可能来自更近的时代以及爱尔兰剧作家J. M.辛格（J. M. Synge，1871—1909）的作品。他写了大量有关阿兰群岛渔业社区的文章。在他的悲剧之一《海上骑士》中，辛格描述了这样一个故事：一个女人从羊毛袜上清晰无误的针脚中认出了她溺水而亡的哥哥。在1963年出版的《阿兰岛：传说的岛屿》一书中，作家兼企业家帕德莱格·奥·西奥钱（Pádraig Ó Síocháin）对这一神话作了进一步的"发挥"，尽管没有什么证据证明这是事实，但他非常自信地写道："阿兰岛的根西毛衣一直是识别在海上失踪岛民的不二来源。"耐人寻味的是，这本书的作者还拥有高威湾产品公司（Galway Bay Products），该公司生产和出口阿兰针织品。由于奥·西奥钱对市场营销的敏锐直觉和产品文化遗产价值的重视，无论这个说法是如何编出来的，阿兰毛衣和开衫的销售量都在直线上升。拥有大量爱尔兰移民社区的国家对这些"古老"的毛衣爱不释手，尤其是美国、加拿大和澳大利亚。这些国家为阿兰毛衣创造了浪漫的背景故事（这种做法更多是为了重新包装当地的历史和文化遗产），将这种故事讲给渴望与祖先的历史重新联系起来的散居者（然而这种故事已经被塑造得接近神话）。正如一位爱尔兰历史学家所指出的：

> 当前不仅没有证据支持我们的祖先曾编织特殊的"氏族针法"，实际上阿兰毛衣的历史也是相对较短的。如果它是代代相传的话，也可能只有两三代人。如果能穿越时空，你就会发现，在100年前踏上阿兰三岛之一的你是不可能遇到穿着我们所认为的阿兰毛衣的当地人的。[3]

阿兰毛衣在产业上的巨大成功更归功于19世纪末爱尔兰拥挤区委员会（Congested Districts Board）颁布过的一项举措。这是一项当时英国政府鼓励编织提升收入的政策，旨在减轻爱尔兰西部和西北部的贫困。爱尔兰布政司（Chief Secretary for Ireland）粗鄙地将其描述为"仁慈地扼杀地方自治的手段之一"。不过爱尔兰的民族主义者却持有不同看法。该政策鼓励当地妇女拿起编织针疯狂地编织，这是因为虽然捕鱼业和养羊业在阿兰地区已经很成熟了，但相关产业的从业者日子却过得很艰难，所以用当地材料给渔民编织毛衣似乎是一个既可以提升收入，又可以消耗原材料的一举两得的办法。

不过，阿兰毛衣作为爱尔兰亲缘关系和文化遗产的象征这件事显然还是引起了人们的共鸣。20世纪50年代到60年代间，它成为爱尔兰民间音乐界演出的首选服装，诸如汤米·马凯姆（Tommy Makem）和克兰西兄弟（Clancy Brothers）等深受大众喜爱的歌手都穿着它进行表演。甚至好莱坞也不甘落后。当格蕾丝·凯利（Grace Kelly）、玛丽莲·梦露（Marilyn Monroe）和史蒂夫·麦奎因（Steve McQueen）穿上他们的奶油色套头衫时，阿兰毛衣就已经从爱尔兰乡村生活的标志升华为令人垂涎的针织品，代表着家庭、心灵和文化遗产。

更加鲜为人知的是，阿兰毛衣还曾与马格达林洗衣店（Magdalene Laundries）的丑闻联系在一起。马格达林洗衣店是为包括单身母亲、受虐待女孩和孤儿在内的"不幸妇女"（fallen women）设立的机构。20世纪初，阿兰毛衣取得了巨大成功，甚至一些制作工作被外包给洗衣店，由贫困的、被剥削的劳动力完成。这是历史的一个残酷的讽刺，阿兰毛衣这种代表了爱尔兰紧密亲缘关系、健康生活和根深蒂固的家庭传统的东西，却由那些与自己的家庭分离或自己的孩子被强行带走的妇女制作。令人难以置信，这些洗衣店（从17世纪中期开始由罗马天主教教会经营）直到20世纪末才在媒体披露的性虐待、心理虐待和身体虐待丑闻中被关闭。

通过羊毛的故事重塑过去历史并不仅限于阿兰毛衣，冰岛毛衣也存在几乎同样的情况。冰岛毛衣经常被认为是传统、真实、古老的象征，由当地妇女用当地绵羊的羊毛手工制作，并使用遵循了几个世纪的传统花色。实际上，这种毛衣的流行似乎与现代历史上冰岛需要重新树立其身份认同和民族自信心密切相关。

虽然冰岛的针织历史至少有400年，但那里标志性的毛衣，即洛帕佩萨（lopapeysa），似乎是在20世纪中叶才出现的，并且时间又恰逢工厂批量制衣以及进口商品开始取代旧的手工编织纺织品。就像19世纪末英国的威廉·莫里斯（William Morris）和工艺美术运动（Arts and Crafts movement）试图再现手工制作的精神一样，冰岛人也开始寻找使用当地羊毛重振传统编织技艺的方法。与此同时，冰岛也迎来了一个重要的政治时刻：1944年，冰岛最终断绝了与丹麦的一切联系，宣布成为独立的共和国。

冰岛人热衷于国家建设和传统价值观的重建，他们需要重新挖掘一种文化遗产的象征。"lopapeysa"（lopa的意思是"羊毛"，peysa的意思是"毛衣"）就代表了冰岛人想要的一切：适度、勤劳和自给自足。[4] 洛帕佩萨的编织图案并非世代相传，而是由真正的冰岛早期纺织品图案、新设计的图样以及从其他北欧国家和更远地区复制的风格所组成的华丽混合体。历史上洛帕佩萨在2008年银行业崩溃后再次受到追捧，这让当时的冰岛不得不再次回归本源。纺织历史学家凯瑟琳·唐兰（Kathleen Donlan）在她对冰岛民族身份的探索中写道："编织为冰岛人（字面上和隐喻上）提供了一个让他们能够在自己的困难时期，创造出有价值的东西的机会。"[5]

"传统的发明"是由英国历史学家埃里克·霍布斯鲍姆（Eric Hobsbawm）和特伦斯·兰杰（Terence Ranger）在1983年的同名著作中首次提出的概念。在书中，他们认为许多文化中所纪念的伟大事物往往是令人惊讶的新生事物。更重要的是，这些"传统的发明"通常是为了帮助增强民族认同感或归属感的。在出现危机、移民或大规模变革的时候，人们坚持并巩固这些"传统"的愿望会变得更加强烈。

也许没有什么比古代苏格兰家族格子呢的历史发明更能体现这一点了。格子呢已经毫无疑问地成为苏格兰及其文化遗产中最具感染力、最有力的象征之一。实际上，这种羊毛布料的历史才是真正的传统与赤裸裸的捏造纠缠在一起的产物。事实、半真半假的事实和虚构已经交织在一起，但要理清这些线索，我们必须首先回到格子呢产生的最初阶段。

在苏格兰发现的最早的格子呢碎片有着约1700年的惊人历史。苏格兰国家博物馆收藏的福尔柯克格子呢（Falkirk Tartan）乍一看并不起眼——只是一块2.7英寸（约7厘米）的小布片，并且只是用来临时塞住罐口的。这个罐子里面藏有近2000枚罗马硬币，但它并不属于罗马人。考古学家认为，这笔钱很可能是罗马军队给当地凯尔特人首领的贿赂，以确保他的部落不会在罗马军队夹着尾巴向南撤退时"趁火打劫"。

不仅是在苏格兰，在整个欧洲和斯堪的纳维亚地区的凯尔特人穿格子呢的传统已经延续了几千年。事实上，迄今发现的最古老的格子呢穿着样本存在于中国西部所发现的一具欧洲人木乃伊身上。他远离家乡，死于公元前1000年左右。希腊历史学家迪奥多鲁斯·西库鲁斯（Diodorus Siculus）在公元前50年对凯尔特人的着装意识做了详细说明：

> 他们所穿的衣服非常引人注目：他们的衬衫被染成各种颜色并绣上图案，他们还穿着马裤，这种马裤用他们自己的语言称之为布赖（Bracae，拉丁语中指裤子）；他们还有一种条纹大衣，用扣子扣在肩上，冬天穿厚的大衣，夏天穿薄的，大衣上面绘着格子，图案紧密相连，色调各异。[6]

罗马人也提到过当地部落穿着类似格子呢的织物，但即使如此，也并没有证据说明这些特定的图案与特定的群体有关联。从那时起一直到18世纪引入外来染料之前，罗马人使用的设计和颜色都是基于当地可获得的东西，比如本地地衣、石楠花或树皮。某些图案可能与某个地区的特定织工有关，但苏格兰高地人混合搭配使用格子图案的案例并不罕见，即使是在同一套衣服里也是如此。例如，福尔柯克格子呢有两种颜色：棕色和白色。这都是本地羊的天然色调。因此，同一种格子呢图案的使用可能与一个特定的织工有关，有时他会为一个特定的地区或当地的一组家庭提供服务，因此会采用相同的格子，但家族和格子呢图案之间本身没有明确的联系。

最早提到"格子呢"这个概念的时间可以追溯到1538年。当时的国王詹姆士五世为他的妻子购买了"3 厄尔（ell，古尺名）长的赫兰格子呢"。那时，格子呢已经和说盖尔语的凯尔特人的后代没有太多联系了（他们已经在苏格兰北部定居，并因其强大的战斗力而变得既令人恐惧又令人敬畏）。在一幅17世纪30年代早期的木刻画上，高地雇佣兵是穿着格子呢的，但并不是如今的苏格兰短裙，而是一种叫作"苏格兰大短裙"（Philamhor）的服饰。这是一种包裹着身体的又长又宽的羊毛布料，很像印度的纱丽。

1688—1689年光荣革命之后，许多高地部落都在支持詹姆士二世党。他们企图恢复被废黜的天主教的英格兰詹姆士二世暨苏格兰詹姆士七世（James II & VII, 1633年10月14日—1701年9月16日），及其斯图亚特家族的后裔的地位，帮助他们重新登上苏格兰和英格兰的王位。詹姆士二世的孙子（查尔斯·爱德华·斯图亚特，Charles Edward Stuart，又称"邦尼王子查理"，Bonnie Prince Charlie）得到了一些高地部落的支持，但在1746年4月16日的卡洛登战役中，詹姆士二世党又被忠于国王乔治二世的英格兰和苏格兰军队击溃。

这场注定失败的战争只进行了一个多小时。穿着格子呢（这种象征着高地叛乱的服装）的行为立即被英国政府宣布为非法。不过，这项禁令只适用于普通的高地人。复辟事业的主要支持者，包括曾与雅各布派作战的高地军团和社会上层人士，仍然保留了穿格子呢的权利。这条法律不仅具有歧视性而且特别不分青红皂白：

> 低地詹姆士二世党的战士很多，甚至还有一些英国的雅各布党人也在战斗，但只有苏格兰高地人受到了这种蓄意羞辱。实际上，这些高地人的大多数族人要么远离冲突，要么仍然忠于乔治国王。即使麦凯家族（Mackays）、格兰特家族（Grants）、坎贝尔家族（Campbells）、蒙罗家族（Munros）以及其他家族的父亲、儿子、兄弟和丈夫都曾为乔治国王而战并牺牲过，也同样会受到这样的羞辱。[7]

对格子呢的禁令最终在1782年被解除。在随后的几十年里，苏格兰民族主义重新抬头，恢复高地精神和文化的努力也重新开始（与此同时，许多高地家族也因"大清除"而流离失所）。1822年，乔治四世国王访问了爱丁堡，这是100多年来第一位访问爱丁堡的君主。英国与苏格兰的关系还未从詹姆士二世党叛乱中恢复过来，但沃尔特·司各特（Walter Scott，1771年8月15日—1832年9月21日，英国著名历史小说家和诗人）以一种不太可能的方式"实现"了这种服饰上的和解。他是一位浪漫诗人，他在他的《罗伯·罗伊》（Rob Roy）和《拉默摩尔的新娘》（The Bride of

Lammermoor)等小说中虚构了一段苏格兰的历史。司各特对这一历史场景进行了精心策划,将严肃的皇家访问变成了一场欢乐的"格子呢盛会"——一场庆祝苏格兰身份、高地文化和国家团结的盛会。该场合的着装要求很明确:

> 绅士们可以穿着他们有权穿的任何制服。对于那些自称是高地人的人来说,他们国家的古老服装就足够了……据了解,格伦加里(Glengarry)、布莱德班(Breadalbane)、亨特利(Huntly)和其他几位首领打算带着他们的"尾巴"(即带着相当多的绅士追随者),参加下午的聚会。毫无疑问,这将大大增加现场的多样性、优雅性,也会让场面相当华丽。[8]

国王乔治四世从不放过任何一个装扮自己的机会,他也穿上了自己的小格子呢——一件短到需要穿一套鲑鱼粉色紧身衣来遮盖的短裙,以免尴尬。司各特的公关策略奏效了。格子呢曾经是反叛的苏格兰高地人的专属服饰材料,现在已经被"驯服",变成了"新"苏格兰的民族服装。

然而,"特定部族有自己代表性的格子呢"这一想法仍未深入人心。高地军团或许有自己的设计,少数苏格兰家族也有自己独特的想法,但都没有明确的规定。在乔治四世访问苏格兰的同一年,有一对兄弟进入了上流社会。

约翰·索比斯基·斯图亚特（John Sobieski Stuart）和查尔斯·爱德华·斯图亚特（Charles Edward Stuart）据说是詹姆士二世的孙子[*]。他们声称发现了一份15世纪的手稿——《苏格兰服装》。他们说这部手稿中包含了所有"官方氏族格子呢"的设计样式和图案。随着时间的流逝，这本手稿在过去已经失传，但幸运的是被两位作者"重新发现"了。1829年，他们试图以书籍的形式出版这份手稿，但当沃尔特·司各特要求看15世纪的原稿时，他们退缩了。司各特于1832年去世。十年后，兄弟俩终于出版了拥有华丽皮面封皮的《苏格兰服装》。这本书一经出版就大受欢迎。当时急于发现祖先传统格子呢的上流社会牢牢记住了这两位年轻人。正如一位上流社会成员所回忆的那样：

> 她的儿子们都长得很英俊，尤其是约翰·索比斯基，但他那精致的脸上却没有一丝斯图亚特家族的影子。他们总是穿着苏格兰短裙和束带格子呢的高地服饰，神情忧郁，说话时有些神秘莫测。这种装扮和气质产生的效果惊人：他们被人们大肆地"奉承"着。[9]

随着时间的推移，作者的身份和书都被发现是假的。沃尔

---

[*] 两兄弟被统称为"索比斯基一家"，原名为约翰·卡特·艾伦和查尔斯·曼宁·艾伦，出生于威尔士——编者注

特·司各特早在1829年就相当怀疑其真实性。在写给同事的信中，他不仅表达了自己不相信这本书的合法性的观点，而且他同时也强调了自己并不认同格子呢与家族相关，他声称："以格子呢区分家族的想法不过是一种现代生活中的流行时尚。"[10]之后，约翰·索比斯基·斯图亚特和查尔斯·爱德华·斯图亚特被人曝光了他们的真实姓名。他们分别叫作约翰·艾伦和查尔斯·艾伦（John and Charles Allen），所以并不是斯图亚特家族的皇家后裔，只是两个来自威尔士、想象力丰富的年轻人而已。不过，这似乎已经并不重要了。家族格子呢的概念已经深入到上流社会每个人的心中了。

维多利亚女王和阿尔伯特王子将新近修复的巴尔莫勒尔城堡（Balmoral Castle）从窗帘到地毯，从裙子到孩子们的衣服，全部都用格子呢装饰。这对时尚的王室夫妇非常迷恋苏格兰文化及其象征性的织物，他们甚至创造了自己的设计——巴尔莫勒尔格子呢。至于艾伦兄弟，他们在1868年回到了伦敦。穷困潦倒、颜面扫地的他们继续保持着自己的伪装，试图在大英博物馆阅览室里花上无数个小时确立他们说法的正确性。他们在图书馆待了很久，据说图书馆中甚至有一张专门为他们保留的桌子。在那里，他们花很长时间用"上面有微型金冠图案"的笔乱写乱画。[11]

13

作坊和繁荣

Mills and Boom

羊毛内衬的棺材、
白人奴隶制和"布拉德福德病"

1906年9月的《时尚》(Cosmopolitan)杂志刊登了一篇特别的故事。它讲述了当时一位美国本土老酋长游览纽约的一段经历。在参观过程中,他看到了这座城市的所有辉煌景象:摩天大楼、布鲁克林大桥、琳琅满目的巨大购物中心。在旅程结束时,有人热情地问他:"你所看到的最令你惊讶的事情是什么?"酋长想了想,慢慢地回答道:"小孩子在干活。"[1]

然而,在大西洋两岸各国的历史中,至少有150年都是由童工作为推动工业革命,特别是纺织业发展的"燃料"的。但要了解我们是如何走到这一步的,首先要回到15世纪末。

从13世纪末到整个14世纪,英国的原羊毛出口量达到了令人震惊的数目。然而,到了15世纪末,英国为了筹集与法国的战争资金对羊毛行业进行了连续征税。这一举措无意中迫使英国本土开始开发自己的手织布市场。英国的羊毛商人和企业家们意识到,他们可以自己织布并在本土和国外销售,而不是把英国的羊毛送到国外去织成布,然后再以极高的价格买回来。

高度熟练的弗兰芒*织工的涌入进一步推动了纺织这一新兴产业在英国的发展。织工的首次涌入是在14世纪，他们应皇家的正式邀请来到英国——爱德华三世希望弗兰芒的织工能够向英国工匠展示手织布是如何制作的；第二次织工的涌入是在16世纪，当时弗兰芒的新教徒为躲避宗教迫害再次涌入英国。那些来到英国各地定居的人中很多都直接留在了诺福克和萨福克当地，而其他人则继续向其他地区扩散，最终在科茨沃尔德、英格兰西南部**、约克郡和更远的地方定居。

1454年，议会宣称："在王国的所有地区，制造布匹是这片土地上贫穷的人民最伟大的职业和生活。"[2] 近300年后，丹尼尔·笛福又再次强调："无论他们的国家地处热带还是寒带，季节是夏季还是冬季，需求都是一样存在的。无论是在赤道还是在北极附近，英国的毛织品制造商都能为他们提供衣服。"[3]

英国的君主们通过制定各种法律来支持英国的毛布市场，并迫使其臣民穿上自家生产的纺织品。1571年的《帽商法案》（*Cappers Act*）规定，大多数人在周日和节假日必须戴上"厚实的羊毛帽并穿上英式服装……否则每天会罚款3先令4便士"。[4] 1697年的法令规定，所有的地方治安官、法官、大学生和法学教授必须穿羊毛长袍。而1666—1680年制定的《羊毛制品埋葬

---

* 弗兰芒大区是比利时王国下属三个大区之一——编者注
** 这是一个地区专有名称，同前文——编者注

法案》(Burial in Wool Acts)中规定,除非死者已经穷困潦倒或死于瘟疫,否则每个人都必须用英国羊毛裹尸布埋葬。法令规定:"任何尸体都不能用羊毛以外的东西包裹下葬;也不能用羊毛以外的任何材料作为棺材内衬装入任何棺材,违者罚款5英镑。"[5]

在这一时期,对英国布匹的庞大需求是由独立的工人和他们的家庭满足的。他们都被纳入了一个被称为"散工"(putting out)的生产系统中。布商向这个由居家工作的工人组成的庞大网络供应羊毛。然后,工人将毛线加工成纺织成品。有些外包工纺线,有些外包工织布,有些外包工染色,有些外包工整理布料,等等。然后,布商们会四处旅行,收集半成品或成品,接下来,要么把它们交给下一个加工者,要么把成品拿到全国各地的布店出售。

这个系统虽然是家庭式的,但贸易规模巨大,这反映在许多拥有布厅的宏伟建筑中。其中最突出的一座是位于西约克郡的哈利法克斯布匹馆(Halifax Piece Hall)。这座大厅建于1775—1779年间,是专门用来交易成匹的毛织品的*。这是一个建筑奇迹:一座引人注目的意大利画廊中3层婚礼蛋糕造型的建筑,俯瞰着6000平方米的巨大露天广场。商人们会在四周建筑中的各个房间里进行交易,同时可以俯瞰下面熙熙攘攘的人群。

18世纪的哈利法克斯到处都有手工织工。18世纪20年代,当

---

* "匹"(piece)指的是30码(27.4米)长的布料。

笛福在镇上漫步时，他潦草地记录下了自己的印象："我们看到满屋都是精力充沛的人：有的在染缸边，有的在修整布，有的在织布机旁，他们都在努力工作，全力以赴。妇女和孩子们总是忙于梳理或纺纱。因此，从孩子到老人，所有人都能养家糊口。"[6]但是，布商们往往只能在沿城镇道路铺设的木架上出售他们的布匹。

新布厅的大部分资金由商人们自己出，他们渴望有一个核心场所让买卖双方在固定的时间内完成会面和交易，远离露天街道的肮脏和那些不受欢迎的人。从各方面来看，开业典礼都是值得纪念的日子：一大群人聚集在一起，观看当地服饰商的盛大游行。由热闹的行进乐队领头，人群大步走进大厅，随后是壮观的烟火表演。在约克郡的资金所能负担的盛况安排中，烟花效果还用到了"一座美丽的埃及金字塔烟花，上面装饰了螺旋机轮、纺织球和垂直机轮，由鸽子点燃"。[7]

哈利法克斯还有另一个独到之处。哈利法克斯绞刑架是英格兰唯一的绞刑架。人们一般认为它在16世纪安装，并用来在集市日处决小偷，特别是那些偷羊毛布料的小偷。在"布厅"出现之前，哈利法克斯就曾因生产一种被称为"克尔赛粗呢"（kersey）的织物而闻名。这是一种用于军服的坚韧而廉价的毛布。在生产过程中，布会被挂在外面的框架上晾干。无人看管的布很容易被盗，因此惩罚措施被设计得极为严格。笛福在他去哈利法克斯的那一趟旅程中再次补充了些东西：

在离开哈利法克斯之前,我必须向你们介绍一下古代这里为防止偷布而实施的著名的司法刑罚。现代的说法是,它是为各种重罪罪犯而设的。不过我可以肯定,它最初纯粹是为那些在帐篷里偷布的小偷而设的,至少主要是为他们而设的。[8]

哈利法克斯对罪犯的零容忍是众所周知的。约翰·泰勒(John Taylor,1622)的一首著名的诗《乞丐祈祷》(The Beggar's Litany)中有一句著名的诗句:"自地狱、赫尔和哈利法克斯,上帝保佑我们。"(赫尔也因其严厉的执法而闻名)这首诗后面写道:

在哈利法克斯,法律如此严厉。
谁偷盗超过十三便士,他们有一个引擎(装置),
扭断小偷的脖子,速度快又好,
把无头的盗贼,送上天堂或地狱。

在哈利法克斯绞刑架上执行的最后一次死刑,发生在1650年4月17日。安东尼·米切尔(Anthony Mitchell)和约翰·威尔金森(John Wilkinson)两人被认定犯有"从拉幅机上偷窃了16码(约14.6米)赤褐色克尔赛粗呢和两匹马"的罪行。这批货物总价值5.8英镑(相当于今天的1000英镑)。按照惯例,偷布的人会被关在镇上的监狱里。直到宣判后的星期六,也就是被执行死刑的那一天,他们的肩膀上都要披着布,以增加他们的羞辱感。不管是幸运还是不幸(取决于你怎么看),米切尔和威尔金森在星期六被认定为有罪,因此也在同一天被处决了。[9]

思绪回到织工的小屋里。许多"散工"系统里的人也兼职农民,因此在工作间隙也要为他们的家庭种植粮食。这种"散工"系统适合商人,因为这些劳动力大多来自农村,价格低廉,不受城市行会控制(行会维护工资标准、实行学徒制并进行质量控制)。这种制度同样也适用于农村家庭,因为这类工作制度常常能为他们补充收入来源,特别是在冬季的几个月里,还能在家和孩子们一起工作。这一工作模式同时也给他们带来了一定程度的灵活性。

然而,就像所有在家里进行的计件工作一样,工资的最终决定权落在了商人身上,即使他们并不需要承担租用房屋、培训、照明或取暖的费用。虽然一些纺织工拥有自己的织布机,并将自己视为独立的工匠,但大多数人都不得不租用机器。因此,当商人拒绝为成品布付款,或收取的织机租金超过织工家庭当周的收入时,就会出现许多纠纷。

由于缺少任何形式的行会或工会的代表,外包工人尤其容易受到伤害,但他们没有其他选择。到18世纪中叶,羊毛工人构成了英国经济中最大的制造业部门。在大约600万人口中,四分之一的人从事羊毛纺织品行业。3个主要的生产地区——西区、东安格利亚和西约克郡也已开始出现职业羊毛工人。用一位历史学家的话说："在英格兰和威尔士，可能所有郡的羊毛布都是由农民、农场主和农业工人的兼职工作生产的。"[10]

当时，英国主要生产两大类羊毛布——宽幅布和精纺布。宽幅布由短羊毛纤维制成，经过梳理（使用有点像狗刷子的桨状刷）、纺纱，在宽大的织机上织造。之后，布要经过毡化（这个过程要先洗刷），然后是捣碎，接着被做成了一种体积较大、柔软的纤维织物。这些宽布被用来制作温暖而舒适的冬季大衣、毛毯、制服等东西。

精纺布的制作方法不同。它使用长纤维的羊毛，经过梳理（促使纤维相互平行）、上油、高捻度的纺纱，然后织成更轻、更细、更有光泽的织物，非常适合做男士的西装、裤子和沙发等衣服和家具的面料。在这两个类别（指宽幅布和精纺布）中，有几十个不同的品种和地方特色。它们都有专属的响当当的名字：贝兹（baize）、赛格（serge）、切维奥特（cheviot）、梅尔顿（melton）、弗伦特（fearnought）和彼得森（petersham），等等。

到了18世纪末，纺织业开始发生巨大变化。托马斯·隆贝（Thomas Lombe）于1721年在德比建造的丝绸厂，被认为是世界上第一个认真尝试机械化的纺织厂。这预示着一个世纪性的技术革命将改变该行业的面貌。主要的革新有约翰·凯（John Kay）的飞梭（1733年），詹姆士·哈格里夫斯（James Hargreaves）的珍妮纺织机（1764年），理查德·阿克莱特

（Richard Arkwright）的水纺织机（1769年）和塞缪尔·克朗普顿（Samuel Crompton）的走锭纺纱机（1779年），它们彻底改变了羊毛和棉花的加工、纺线和织造方式。许多机器太大或者太贵，个人织造家庭没有能力购买，一些较大的机器甚至还需要水力来操作。解决这些问题的办法是建立专门的纺织厂。这样的纺织厂规模足以容纳多台机器，并专门建设在水流湍急之处。河流的能量有助于为大型水轮提供动力，并提供便利的交通。不过，这些工厂的位置往往很偏远，当地可用的劳动力数量也很少。

这个问题的解决办法着实令人震惊。在政府的支持下，企业家们被鼓动招募社会上最脆弱的人群——孤儿和贫困儿童，并把他们变成所谓的"英格兰的白人奴隶"（the white slaves of England）。这种情况有大量的先例：1619—1622年，300名来自伦敦的流浪儿童被送往北美弗吉尼亚的烟草种植园工作（那里的条件非常恶劣，到1624年他们中只有12人还活着[1]）；1630年伦敦金融城被政府要求运送100名无依无靠的男孩和女孩到新殖民地的纺织工厂工作。

17世纪50—80年代间，有相关证据表明曾有成千上万名贫穷人家的孩子、孤儿或被监禁的儿童被人贩子拐走，去美国的新兴经济体工作。最常见的情况是儿童和青少年会被自己贫困的家庭签约送走，或者被骗成为契约仆人。他们一旦到达遥远的另一侧海岸，就会立即被收买，甚至成为赌注被输掉。有一艘经常往返于伦敦和牙买加之间的船。船长会在"克勒肯韦尔（Clerkenwell）教养院与那些因行为不端而被关押在那里的女孩喝酒，并'邀请'她们去西印度群岛"。[12]

1796年，时任英国首相的小威廉·皮特（William Pitt the Younger）向实业家发表了一场激动人心的演讲，宣扬童工的好处："经验已经证明，儿童工人能做很多事情"，以及"可以及早熟悉那些他们即将从事的制造部门的专业工作"。[13]孤儿和被遗弃的孩子被"扫"进了"教区学徒"区。甚至有年仅6岁的孩子从（各城镇包括伦敦在内）泛滥的济贫院和孤儿院被带走，然后被打包送到英国乡村的偏远角落，在新的纺织厂里工作。他们的情况，正如一位出生于1823年的作家记录的那样：

> 早在上个世纪（18世纪）的约克郡西区，人们就不断在所有合适的河流旁修建工厂。他们迫切需要孩子们到他们的工厂里工作。当地的"帮手"供应无法满足需求，于是，工厂的老板们亲自或者派人到南方收容所找人。收容所总是有很多孩子。他们把那里的孩子们带到北方，让他们以学徒的身份工作。[14]

许多孩子并不知道他们要做什么。中间人许诺说，他们的生活会有新鲜空气、丰富的食物和教育,但其实他们都被骗了。住在贝斯纳格林(Bethnal Green)济贫院的孤儿约翰·伯利(John Birley)回忆道:

> 母亲去世的那一年,我即将满7岁。当时有一个人前来寻找教区的学徒。我们都被强制带去了一间会议室,里面大约共有40人。我敢说,至少有20位先生坐在一张桌子旁,面前放着笔和纸。我们的名字被逐一叫出,被叫到的人在他们面前站成一排。我听到了自己的名字,于是走到了房间的中央。那人问:"喂,约翰,你是个好孩子,你想去乡下吗?"我们之前经常讨论我们会如何被带到乡下去。老主人尼克尔斯先生曾经告诉过我们山里会有什么好玩的游戏,会有很多时间玩耍和娱乐。他说我们能吃到很多烤牛肉,赚到很多钱,以体面的身份回来看我们的朋友。[15]

为了换取少得可怜的食物和休息的床位,孩子们被要求每周工作六天,每天工作14—17个小时,直到他们年满21岁(或在某些情况下可以达到24岁)。约翰·伯利从早上五点一直工作到晚上十点,他的三份小口粮中有两份是在机器旁站着吃完的,他晚上还要与其他男孩被关在一个房间里,三人一张床。不用说,"烤牛肉和大把钞票"的梦想被彻底粉碎了:

主人尼德姆先生有五个儿子：弗兰克、查尔斯、塞缪尔、罗伯特和约翰。这五个儿子和一个叫斯旺的人，也就是当时的监工，经常拿着棒子在工厂里来回走动。弗兰克有一次把我打到他自己都吓坏了。他以为把我打死了。[16]

正如社会历史学家、童工专家简·汉弗莱斯（Jane Humphries）教授所说，这些都是"现实生活中的雾都孤儿奥利弗，任由教区摆布。他们的工作模式就像国家支持的奴隶制……工作成了社会福利的替代品"。[17]雇佣儿童是具有经济效益的。工厂主和监工不想雇佣成年人，因为他们会要求更高的工资和更宽松的工作方式，而孩子们是可以被塑造和胁迫的。不仅如此，许多机器都是特意为儿童设计的，他们的手很小，身体很轻，反应敏捷。

孩子们通常是"接头工""补线工"（接补断线），或者是在机器下面爬来爬去清理机器的"拾物工"。除了经常受到监工的殴打、做影响发育的工作以及会被有毒的纤维碎片堵塞小小的肺这些负面影响，事故也是司空见惯的，尤其是在身处疲劳的状态下。一个叫约翰·阿莱（John Allet）的童工在1832年接受下议院委员会询问时，回忆说："我目睹过一场事故。当时一个孩子正在加工羊毛，也就是为机器准备羊毛，但是机器上的皮带钩住了他。因为他还没睡醒，来不及反应，皮带把他扯进了机器。当我们发现他时，他的肢体散得到处都是,整个身体都进入机器里,被搅成了碎片。"[18]

另一个男孩约瑟夫·赫伯甘(Joseph Hebergam)也在同一时间接受了问询。他讲述了自己从7岁开始每天工作14.5个小时的经历。这项工作使他的腿永久变形:"早上起来我几乎不能走路,哥哥和姐姐出于好意,用两只胳膊架着我,和我一起跑到工厂,我的腿在地上拖着。由于疼痛,我无法走路。"[19]

这些接二连三令人心碎的证词,揭示了这些为饥饿的市场生产羊毛和棉花的工厂里隐藏的罪恶。在纺织机械化的最初几十年里,"教区学徒"填补了劳动力的空白,而那些来自社区贫困家庭的孩子们也很快发现自己最终还是被送到了震耳欲聋的工厂。当然,这些儿童总是会以各种身份被雇佣。几个世纪以来,人们一直期望儿子和女儿能帮忙做家务、做农活,如果可能的话,最好还是在外面找到一份有偿工作。用一位历史学家的话说:"童工在英国本来就有很长的历史。"[20]拜羊毛和棉花工业的发展所赐,如今只是在童工的规模上有所不同。前工业经济时代,尤其是在农村地区,并没有真正为家庭提供定期和持续从孩子的劳动中赚钱的机会。但这一切随着大规模工业制造纺织品时代的到来而改变。当时"早期工业化的英国是一个蓬勃发展的经济体,对强壮的腰和灵活的手指有着永不满足的渴望"。[21]

尽管许多人认为童工是工业发展过程中的自然组成部分,但并不是每个人都能容忍这一现象的。在乔治亚时期和维多利亚时期,一些最深入和最有影响力的文学作品都把焦点集中在童工问题上。在议会对纺织厂、矿场和其他工厂的工作条件进行调查的刺激下,作家们如伊丽莎白·巴雷特·勃朗宁(Elizabeth Barrett Browning)、查尔斯·金斯利(Charles Kingsley)、伊丽莎白·盖斯凯尔(Elizabeth Gaskell)等都开始研究这个社会弱势群体的困境,其中最著名的也许就是查尔斯·狄更斯(Charles Dickens)。《大卫·科波菲尔》是狄更斯的第八部小说,出版于1850年。小说部分取材于狄更斯自己12岁时在鞋厂工作的经历。这部作品以及他的其他作品,让中产阶级读者看到了童工模式的恐怖,并为少数争取变革的改革者提供了动力。

变革是缓慢的。其中部分是因为许多议员和社会人士在布匹制造产业中获利,于是他们会阻挠变革。还有一些人担心,如果儿童不工作,他们的命运会更糟糕。爱尔兰作家威廉·库克·泰勒(William Cooke Taylor)反对禁止童工法案的立法,他坚持认为:

> 进入工厂的人……看到小接线工和小清洁工在单调的工作中的身影……他们会想,如果这些孩子能在山坡上自由自在地玩耍,呼吸新鲜的微风,看着绿草如茵的毛茛和雏菊,听着鸟儿的歌声和蜜蜂的嗡嗡声,那是多么令人愉快的事情啊!但是,他们应该把这些年轻工人的面貌与他们在实际经历中一定遇到过的其他真实景象进行比较,比

如我们经常会遇到这样的情况：贫穷的孩子们在泥铲中或路边的沟渠中因饥饿而死亡。[22]

还有一些人根本不相信童工会存在问题。一位热衷于支持工厂童工制度的苏格兰医生安德鲁·厄尔（Andrew Ure）在19世纪上半叶写下了这段令人吃惊的描述：

> 在几个月的时间里，我参观了曼彻斯特和周边地区的许多工厂，进入了纺纱室……我从未见过任何体罚儿童的情况，也从未见过儿童情绪不佳。
>
> 他们似乎总是兴高采烈、精神抖擞，享受着他们肌肉轻快运动带来的快乐，享受着他们这个年龄段的灵活性。在我的脑海中，工业的场景远没有激起悲伤的情绪，而是令人振奋的。当走车从固定的滚轴梁上后退时，他们就敏捷地拼合好断头；闲暇时，在锻炼了几秒钟小手指后，他们会选择任何姿势自娱自乐，直到拉伸和缠绕再次完成。这些景象都是令人愉悦的。这些活泼的精灵们的工作似乎就像在做一项运动，在这项运动中，他们的熟练展现了他们令人愉悦的灵巧度。[23]

虽然厄尔医生看到了"活泼的精灵"，但谢天谢地，其他人可不这么看。反对童工的运动催生了第一个旨在限制儿童工作时间的法案。1833年的《工厂法》(Factory Act)禁止9岁以下的儿童在纺织业工作，并限制了9—13岁的青少年的工作时间。不过这些条令在现实中执行起来很困难。《工厂法》颁布近30年后，英国5—15岁的少年儿童中仍有一半被划为"工作儿童"。

在大西洋彼岸的美国工厂，变革也在零星发生。从19世纪末到20世纪初，反对童工的人一直在试图通过各种法案阻止童工制度，但通常会遭到反对。大多数商业、教会和政府组织都热衷于反对监管，而倾向于让各州和工厂主自行制定协议。有很多倡导者也支持童工运动，他们坚持认为工厂的生活对儿童来说不仅是良性的，而且是积极的："对这些不幸的人来说，工厂的生活明显比木屋、咸猪肉、桃子白兰地、白色垃圾和乔治亚州饼干式的生活要好。当工厂到来时，他们中的许多人从这些困境中被拯救了出来。"[24]直到1938年《公平劳动标准法》(Fair Labor Standards Act)通过，美国法律才规定16岁以下的少年儿童在制造业或矿业工作是非法的。

毛纺织业的发展速度快得令人无法想象，特别是在19世纪。在该世纪初，全英国大约有25万名手织机织工。到1850年，这个数字下降到了4万。到1860年，只剩下3000人。[25]一首著名的民歌《织布工和工厂女工》(The Weaver and the Factory Maid，由A. L. 劳埃德等人收集)记录了从家庭手工织布到工厂制造的转变：

> 姑娘们在哪里，我来告诉你，姑娘们都去用蒸汽机织布了。
>
> 如果你想找到她们，你必须在黎明时分起床，在清晨跋涉到工厂。

说羊毛工业和棉花工业引爆了一种新的生活方式并以另一种形式取而代之并不夸张：它们的影响怎么强调都不为过。当纺织厂从水力发电转为蒸汽发电时，它将采煤业转变为主要行业。凡是煤炭资源丰富的地方，工厂就会在附近兴起，成千上万的工人也随之会涌向这些地方，如西约克郡。纺织厂里咔咔作响的机器促进了钢铁工业的发展。这些对快速、高效地将原材料运到纺织厂并运走成品布的需求，先期刺激了运河系统，其次是铁路的发展。在19世纪初，英国的人口刚刚超过900万，而仅仅50年后，英国的人口就达到了近1600万。

或许没有任何地方比布拉德福德（Bradford）更能体现这种人口和工业的爆炸式增长了。18世纪末，布拉德福德还是一个乡村小集镇，坐落在宾宁（Pennines）山脉的山脚下，有大约1.3万人口和一家生产精纺毛料的羊毛工厂。到了1850年，当地人口不断膨胀，超过了10万，建立了129家工厂。25年后，这里的人口几乎又翻了一番。到19世纪末，350家羊毛工厂"塞"满了城市天际线，那些工厂生产了英国全部羊毛产量的三分之二：

布拉德福德已经成为世界纺织之都。

这是一个特别适合设立工厂，生产羊毛的地方。布拉德福德拥有一切有利条件：当地有丰富的煤炭和铁矿石，可以用于制造和"喂养"机器；采石场的砂岩用于建造工厂和住房；软水（用于清洗羊毛）从附近的山谷中输送过来；还有一条运河将布拉德福德与港口和国际市场相连。到19世纪40年代中期，这里还建造了一条铁路。工人们来自全国各地及更远的地方，特别是爱尔兰和德国。他们希望在羊毛业中找到一份工作。到19世纪50年代中期，估计有一半的劳动力来自城市边界及更远的地方。

羊毛工业带来的财富使布拉德福德拥有了无数繁荣的建筑瑰宝。成功会吸引成功，这种模式显然是有利可图的。1836年，《布拉德福德观察家报》(*The Bradford Observer*) 曾报道："制造商们正尽快迁往布拉德福德，因为他们能在那里安置织布机。但这是一个反差很大的城市——虽然华丽的新市政建筑表达了那里被称为"精纺之都"（Worstedopolis）的信心，富裕家庭享受着大别墅及优雅的联排别墅的舒适，但仅在几条街道之外，大多数工厂的工人仍在忍受着背靠背的拥挤不堪的住房。为《布拉德福德观察家》撰稿的詹姆士·伯恩利（James Burnley）评论说："我想知道有多少衣着光鲜、衣食无忧且每天在西门大街上来来往往的人，真正体验过或认真考虑过贫穷、苦难和疾病，而希尔桥巷（Silsbridge Lane）的入口就是观察门槛。"[26]

13 作坊和繁荣

1843年，一位卫生专员宣布布拉德福德是"王国中最肮脏、最污秽、管理最差的城镇"；德国激进宣传册作者、卡尔·马克思的好朋友乔治·威尔特（Georg Weerth）在1846年写道："与这个'窟窿'相比，英国的其他工厂镇都是天堂……在布拉德福德，你会觉得你已经与魔鬼的化身住在一起。如果有人想感受一下可怜的罪人是如何在炼狱中受折磨的，就让他到布拉德福德去吧。"即使按照当时的标准，情况也是极端糟糕的。纺织工人的平均预期寿命只有18岁。工人和他们的家人不得不面对各种影响健康的因素。除了由过度拥挤、开放的下水道和被污染的饮用水所引起的常见疾病，从事羊毛工作也使他们容易感染其他疾病。羊毛包到达工厂时，对它们进行分类的人常会患上某种后来被称为"毛工病"或"布拉德福德病"的疾病。开始时只是咳嗽或胸闷，仅仅几天后，殡仪馆的人就来了。直到19世纪末，弗里德里希·欧里希（Friederich Eurich）博士才发现"仓库楼梯上的黑影"[27]其实是炭疽病，这种病菌是与成袋的进口羊毛一起被带进来的（讽刺的是，他的父亲是一位纺织商人，并把家族从德国带到了布拉德福德）。

炭疽热和绵羊在医学史上也占有特殊的地位。炭疽热作为一种疾病，有一个非常重要的"血统来源"。许多学者认为，《出埃及记》中讲述的埃及十灾之一可能就是炭疽病，也就是在以色列人的建国神话中所描述的上帝给"你们田野里的牲畜——你们的马、驴、骆驼、牛、绵羊和山羊——带来可怕的瘟疫"。到了19世纪，炭疽热流行起来，尤其是在羊和牛中。仅在法国，每年就有10%的羊死于这种疾病。法国化学家路易斯·巴斯德知道炭疽热似乎会特别影响绵羊，于是决定进行一项最大胆的实验。

当时的大多数科学家都相信，炭疽病是自发产生的，或者是由于羊群受某些外部因素的影响，如炎热的天气或有毒的植物而引起的。然而，巴斯德确信，微生物是罪魁祸首。1881年5月，在一群兴奋的公众面前，巴斯德召集了50只羊。他给25只羊注射了他研究的炭疽疫苗，另外25只对照组的羊则没有接种。接种疫苗一个月后，两组羊都被故意感染了炭疽热。感染两天后，人群重新聚集起来看结果。所有接种过疫苗的羊都活得好好的。在对照组中，除了3只病恹恹的绵羊，其余的都已死亡。到展示那天结束的时候，最后3只绵羊也死了。

这次实验获得了巨大成功。1882—1893年间，近400万头法国牛羊接种了炭疽疫苗。死于这种疾病的牲畜数量急剧下降。巴斯德的炭疽疫苗的使用迅速扩散到了法国邻国和更远的其他国家。因为羊、一个简单的实验，以及巴斯德在德国微生物学家罗伯特·科赫（Robert Koch）早期工作的基础上进行的不懈研究，我们现在视为真理的科学概念——病菌理论和疫苗接种的有效性成为思想主流。这只是绵羊和科学创造历史的众多情境之一，我们将在下一章继续进行其他案例的介绍。

14

向上，向上，然后离开

Up, Up and Away

邪恶的科学、
性和"飞翔的"绵羊

1757年，一本不寻常的旅游指南书的第一版出版了。这本书的名字是《哈里斯考文特花园女士名单》(Harris's List of Covent Garden Ladies)。这本小黑本子上罗列了伦敦市中心妓女的名字、地址、价格和"卧室特色"，还包括每个女人的喜好、生活历史和长相等细节。对于18世纪的富人来说，无论是因为远离家乡的寂寞，还是仅仅为了寻求不正当的快感，妓女都是一种廉价的消遣。而且，尽管从哈里斯的名单中挑选一位女士并不需要考虑太多，但乔治亚时代的绅士们脑海中一直萦绕着一个最重要的顾虑：性病这个幽灵。解决这个问题的方法之一，便是使用避孕套。

羊肠被用作避孕套已有千年历史。最早采用羊肠避孕方法的是罗马士兵，他们用干燥的、拉伸的羊肠片盖住阴茎，用一根绳子固定住。然而，到了18世纪，用多余的内脏来制造男性避孕套的技术已经达到了一个几乎无法想象的复杂程度。欧洲大城市的小规模制造商从当地的屠夫和屠宰场获得了现成的羊肠。他们把羊肠先用碱液浸泡洗净，然后再用刀刮平，接着将它们暴露在硫黄蒸汽中，使组织软化，然后用碱液、肥皂和水重新清洗。

最原始的避孕套就是用一块方形的肠子做成的小拉绳袋，松松地套在男人的阴茎上，再用一条时髦的丝带系上。英国制造商很快就尝试了其他更有针对性的型号，用"牛皮"（baudruches）和"细粉"（superfines）等诱人的法国名字命名，以激发人们的想象力，并增添一点难以名状的欧式风格。这些新的避孕套在不同尺寸的玻璃阴茎型模具上成型，使其更加贴合，而且，如果你的预算足够多，你甚至可以要求超级安全的双层套（一个避孕套装在另一个里面，以提供额外的保护）或香味避孕套（有着"让她愉悦"的精油和香料的芳香）。[1]毫无疑问，这种香味让人更容易接受一些有时候未清洗的身体和温暖的羊肠。

20世纪90年代末，当时的考古学家获得了一项相当不寻常的特权：被允许在西米德兰兹郡（West Midlands）达德利城堡（Dudley Castle）的一个17世纪的厕所遗迹中考古筛查。在英国内战期间，有300名保皇党士兵在城堡里驻扎并被围困过，他们曾使用过该厕所。在对100立方英尺（约2.8立方米）的人类排泄物和其他废物进行清理的过程中，考古学家发现了世界上已知的最古老的避孕套——循环使用的羊肠，其历史可以追溯到17世纪40年代。

1666年，英国出生率委员会（English Birth Rate Commission）首次使用了"安全套"这个词（最初的拼写是"condon"），并称赞它是英国出生率大幅下降的原因。然而，大多数男性并不是为了节制生育而使用避孕套的，而是为了保护自己免受梅毒的恐怖侵袭，这种疾病自15世纪晚期以来一直肆虐欧洲。顺便补充一下，"syphilis"（梅毒）这个词也与羊有关。1530年，意大利医生兼诗人吉罗拉莫·弗拉卡斯托洛（Girolamo Fracastoro）写了一首田园诗，诗中描述了一个患有梅毒的牧童（名为西非力士，Syphilus），他被希腊神阿波罗降下这种可怕的疾病，作为冒犯阿波罗的惩罚。这个牧童的名字在稍作改动后就此沿用了下来。

士兵和水手尤其擅长传播梅毒，并且通常是通过与当地妓女"接触"传播。由于这种疾病似乎必须与外国人接触，因此各国都在相互指责：英国人称之为"法国病"，意大利人称之为"土耳其病"，法国人称之为"意大利病"，等等。人们被它可怕的、丑陋的病症吓坏了。同样身为历史学家的贾里德·戴蒙德（Jared Diamond）生动地描述道："病症产生的脓疱经常从头到膝盖覆盖全身，导致患者脸上的肉脱落，并在几个月内致人死亡。"[2]

羊肠避孕套是唯一可靠的保护措施，以防止当时这种致命的、不可治愈的疾病传播。妓院把它们卖给顾客，甚至连世界上最著名的花花公子卡萨诺瓦（Casanova）也"皈依"了。一开始，这个无人阻挡的好色之徒表达了他对所谓的"死亡的动物皮"[3]的厌恶，但很快，在他意识到羊肠避孕套在保护他免于疾病方面是多么有效后，他改变了看法。他通过用嘴吹大避孕套来测试避孕套是否会泄漏，并在文章中详细描述了如何让伴侣接受他所说的"预防焦虑"的概念。200年后的1988年，英国健康教育局推出了一幅标志性的海报，其内容是宣传使用避孕套来预防艾滋病毒。海报上展示了一系列历史悠久的避孕套（包括卡萨诺瓦曾经使用过的避孕套），并配上文字："如果大情圣也用羊肠做过爱，你当然也可以使用这种避孕套。"

1824年，迈克尔·法拉第（Michael Faraday）发明了第一个橡胶气球。在那之前，玩具气球和足球都是用羊的内脏做的。人们将羊的膀胱充气，然后晾干，可以做出超级好用的、轻量级的球，而用羊肠则可以制造出香肠形状的气球，这和今天的气球塑形师或"气球扭扭人"使用的气球没有什么不同。这一发明的出现使得孩子们的聚会充满乐趣。1783年9月19日，另一种尺寸要大得多的气球在人类与绵羊的发展历史中"书写"了新的一页。

1782年6月，雅克-艾蒂安（Jacques-Etienne Montgolfier）和约瑟夫-米歇尔·孟戈菲（Joseph-Michel Montgolfier）兄弟成功展示了有史以来的第一次热气球飞行。气球由织物和纸制成，用稻草从下面点燃，无人驾驶。它在飘回地面之前成功地飞行了10分钟。国王路易十六听说了兄弟俩的成功，命令兄弟俩把他们的发明带到巴黎，在凡尔赛宫前进行测试。

国王还想看看把人放在气球里会发生什么，并建议兄弟俩用两个从国王的监狱里拉出来的罪犯进行试验。兄弟俩婉言谢绝了把罪犯当实验品的提议，而是建议先送一只羊（被命名为Montauciel，意思是"到达天空"）、一只鸭子和一只公鸡上天。兄弟俩之所以选择这个动物组合并不是随机的，而是为了进行一个有趣的实验：羊在当时的生理学界被认为与人体最接近，鸭子被选为对照，因为它习惯于在高海拔地区飞行，而用公鸡则是为了解决一个有趣的科学难题——不习惯在高海拔地区飞行的禽类在天上会怎么样？

在包括国王和王后玛丽·安托瓦内特（Marie Antoinette）在内的13万名观众吃惊的注视下，这些动物在农场升空了，飞到将近1600英尺（约500米）的高度。经过8分钟令人心跳加速的两英里（约3.2公里）飞行后，气球以令人惊讶的方式缓缓降落了。3名"乘客"都还活着。绵羊、鸭子和公鸡被封为"空中英雄"。据传说，他们被送到皇家动物园度过余生。就在两个月后，让-弗朗索瓦·皮拉特尔·德罗齐埃（Jean-François Pilâtre de Rozier）和弗朗索瓦·洛朗·达兰德斯（François Laurent d'Arlandes）进行了人类第一次乘坐气球的旅行。

多亏了那只勇敢的羊（被命名为Montauciel）和它的禽类朋友，人们终于可以离开地球表面，翱翔于天际。人类对于飞行的等待终于结束了。

然而，绵羊要经历的磨难却并没有到此结束。现在乘气球飞行的技术已经臻于完善，下一个问题是如何回到地面上。早期的降落伞实验经常需要给动物穿戴类似降落伞的装备，[4]然后把它们从热气球上扔下去。1817年，来自新奥尔良的雷诺先生试图"用降落伞"把一只羊从热气球上扔下去。没有记录说明这只羊是否安全地飘落下来，不过从当时大多数的降落伞试验对比来看，事情发展得可能并不顺利。就在雷诺的降落伞实验进行的几年前，英国军官桑顿上校（Colonel Thornton）在伦敦的一个热气球上扔下了他的狗，这条狗戴着降落伞。根据当时的消息来源，这只不幸的狗"以极快的速度向地面降落"，然后"咔嚓一声"坠地。[5]唯一庆幸的是，尽管多处受伤，这条狗却活了下来。

孟戈菲兄弟的断言比较接近真实情况，绵羊的生理结构确实与人类有相似之处。绵羊是一种聪明的社会性动物，其庞大的体形、漫长的生命和温顺的天性使它们成为历代科学家的试验对象。例如，1667年，法国医生让-巴蒂斯特·丹尼斯（Jean-Baptiste Denys）第一次使用羔羊血进行了有完整记录的人类输血实验。病人是一个体弱的15岁男孩，由于之前的一位医生使用水蛭过度治疗，他一直在失血。丹尼斯设法将大约12液盎司*（约341毫升）的羊血注入了小男孩体内，他奇迹般地活了下来。

丹尼斯鼓起勇气，在另一名工人身上重复了这个实验，他也幸运地活了下来。我们现在已经知道，人与动物之间的输血是致命的。丹尼斯的两个病人之所以能活下来，可能只是因为涉及的血量很少。但他的第三个病人就没那么幸运了——一个叫安托万·莫里（Antoine Mauroy）的疯子在他第三次进行输血实验时死了。丹尼斯被莫里的妻子指控谋杀，尽管最终被无

---

* 一种液体单位——编者注

罪释放，但他在余生中都没有再行医。直到1902年，卡尔·兰德斯坦纳（Karl Landsteiner）开创性地发现了4种不同的血型及其不相容性，输血才成为一种安全而普遍的治疗方法。

从子宫移植到培育新的心脏瓣膜，羊一直是一些科学和医学历史性突破的中心，但最著名的例子是绵羊多莉。多莉是第一只用成年动物的细胞克隆的哺乳动物。1996年，苏格兰罗斯林研究所（Roslin Institute）的科学家们利用一只6岁的芬兰多塞特羊的乳腺细胞创造了多莉。该实验证明，特化细胞（specialized cell）可以用来创造出它们所来自母体羊的精确拷贝。事实上，多莉并不是有史以来第一个克隆的动物。这一荣誉应属于梅根（Megan）和莫拉格（Morag）这两只羊，它们在一年前就已经由罗斯林的胚胎细胞克隆出来了。多莉一直活到六岁半，生了6只健康的非克隆羔羊，死后她的尸体被捐赠给爱丁堡的苏格兰国家博物馆。在那里，她已经成了明星景点。

还有一个不太为人所知，但同样扣人心弦的科学突破，其故事的主人公也是羊。1958年，一个操着浓重东欧口音的人走进悉尼大学的动物科学系。他自称是史蒂文·萨拉蒙（Steven Salamon）博士，并解释说他知道如何人工繁殖牲畜——当时，这还是一项尚未被西欧人破解的科学技能。他问该部门能否给他一份工作。

萨拉蒙年轻时曾在匈牙利军队服役，并在第二次世界大战中与德国人共同作战，但在战争结束时，他被苏联人俘获并被遣送至西伯利亚的一个战俘营。他在那里度过了地狱般的3年并死里逃生。有一次，萨拉蒙被战俘营的警卫扔进了一个冰冻的坑里，他用尸体和其他同样被抛入坑中的人的衣服盖住了自己，才得以幸存。战后，萨拉蒙成为一名合格的动物学家，但他希望尽可能远离冰冷的古拉格生活，于是他移居至澳大利亚。从20世纪60年代初开始，萨拉蒙领导了羊群人工授精的实验，并开发了冷冻精液和储存精液的方法。他开创性的工作不仅改变了现代养羊业的面貌，而且最终启发了人类体外受精的研究。

2017年，萨拉蒙以98岁高龄去世后，他的前同事决定解冻萨拉蒙博士1968年冷冻的一些公羊精液。原本人们认为这些精子已经有50年的历史了，在冰箱里待的时间太长，肯定不会有什么用。令所有人惊讶的是，这些精液被注入美利奴母羊体内后，不仅这只羊顺利怀孕，而且冷冻精子的质量和最初生产时一样好。这些半个世纪前的精子创造了有史以来最古老的精液保存世界纪录，但更重要的是，它向科学家展现了长期保存遗传物质这项研究的意义。实验的影响十分深远。从冷冻正在接受长期治疗的病人的卵子和精子到保护濒危动物，萨拉蒙博士的工作引发了我们对基因科学的无限期望。有位澳大利亚记者开玩笑地表示，这份科学遗产"对于一个被冻过的人来说，再合适不过了"。[6]

但是，我们对羊了解得越深入，围绕动物实验产生的问题就越复杂。几千年来，羊一直被认为是愚蠢、不会思考的生物。我们大错特错了。2001年的一项研究表明，绵羊可以识别并记住至少50张不同的面孔。更重要的是，两年后它们仍然能认出这些面孔。人类有专门的视觉识别神经机制，这使得我们能够区分和回忆很多不同的面孔。这种机制被认为是社会交往和人际关系所需要的最重要的特征之一。不然你可以想象一下"遇到的每个人都是陌生人"的世界。事实证明，绵羊的颞叶和额叶有与人类相似的神经系统，即使分开很长时间，它们也能通过面部特征识别人类和其他绵羊。更令人难以置信的是，该实验还表明，绵羊可以分辨不同的面部表情，而且和人类一样，它们更喜欢微笑而不是悲伤的表情。[7]

在澳大利亚的另一项研究中，人们探寻了绵羊如何在复杂的迷宫中寻找出路的问题。该实验结果表明，绵羊不仅没有遇到太多困难，而且在随后的每一次活动中，它们的速度都越来越快。第一天花了两分钟，到第三天只花了30秒。更令人吃惊的是，六周后，当它们再次接受测试时，这些羊还记得怎么走，并追平了它们以前的最好成绩。[8]

有时事实比虚构的故事更离奇。早在2004年，宾夕法尼亚州一个小山村的居民就曾有过一个困惑：在马斯登村边缘放牧的羊群如何越过牛栏，践踏当地居民的草坪？多年前，人们安装牛栏就是为了把羊群关在荒地上。最近村里的羊群似乎看上了村里的花坛和花园，但这些栅栏太宽了，它们跳不过去，踮着脚尖也过不去。那么羊群是如何通过的呢？通过观察，村民们惊奇地发现，羊群像英国空军特种部队一样,背靠在牛栏上,然后翻滚过去。不过这件事对于研究羊群的科学家们来说并不稀奇。剑桥大学的一位神经学家发现,羊在某些学习任务中的表现与猴子和人类相似。在最近的一次采访中,珍妮·莫顿(Jenny Morton)教授解释了绵羊的这种学习天赋:"它们的大脑很大——甚至我敢向那些不是专家的人提出一个挑战,让他们尝试分辨出猴脑和羊脑的不同。羊脑的训练能力极强。你可以把任何一只老羊从田里牵出来,在两周内教会它做一项猴子可能需要9个月才能学会的任务。"[9]

然而,最近更有趣的一个发现是:绵羊也有同性恋。在任何一群驯养的绵羊中,大约8%的雄性似乎更喜欢与其他雄性为伴,即使是在有生育能力的雌性面前也是如此。[10]从雌性猕猴到雄性果蝇,无论是偶然还是出于取乐或建立社会联系,许多物种都有同性行为。然而,不同的是,自然界中的动物似乎会在同性恋和异性恋行为之间转换:它们不会表现出持续一致的性取向。只有两个物种,即使在异性伙伴很容易得到的情况下,也会在生活中表现出同性偏好:一个是人类,另一个是被驯化的绵羊。这确实很令人惊讶。

长期以来,同性恋行为被认为是"非自然的"。从表面上看,拥有同性伴侣似乎对人类的生存没有好处,因为他们不能将自己的基因传递给下一代。然而,对绵羊性行为的科学研究告诉我们,同性恋行为并非在挑战达尔文的观点,反而可能强化了达尔文的观点。

有研究认为,可能有一种特定的基因以另类的方式进行表达。在雄性绵羊中表现出同性恋行为的基因，可能与在雌性绵羊中提高生育能力的基因是相同的。同性恋羊的雌性同胞能产生比平均水平更多的后代，帮助这种特定的基因在后代中继续传递。换句话说，使一些羊有同性恋倾向的基因促进了另一些羊的繁殖成功。几个世纪以来，牧羊人通过选择和培育繁殖能力最强的母羊来增强这种基因的效果。

———

绵羊的未来会变得如何？如今的我们正处在一个选择的十字路口中。在西方，许多人出于健康和生态的原因而弃食羊肉，而发展中国家人民对于羊肉的需求预计将在未来几十年内飙升。一方面，我们对牧羊有一种浪漫的固有印象——孤独的牧羊人，在高地农场放牧着他的羊群，维持着一种古老而重要的生活方式。另一方面，我们拥有庞大、密集的农牧业企业，以工业规模化量产肉类和羊毛来满足消费者对廉价肉类和廉价纺织品的需求。再加上动物福利诉求、瘦肉对健康的影响、气候变化和生物多样性的丧失等问题，牧羊业陷入了矛盾和困境。

绵羊的未来并不明朗。地球未来或许并不能容忍过度放牧和不重视动物福利的密集型养殖方式。土壤退化、水污染、碳排放、森林砍伐和其他环境问题正在困扰着我们。全球畜牧业使土地退化，造成了温室效应，污染了河道，并对生物多样性造成了灾难性的影响。而且，如果仔细审视绵羊养殖的整个生产周期（无论是羊毛还是肉），我们就会发现，在这些过程的每个阶段都会出现问题：比如化肥和饲料产生的排放，处理无尽的羊粪堆，砍伐树木以获得牧场，处理羊消化产生的甲烷，以及用汽车运输羊和饲料的碳成本。从这些方面上看，养殖绵羊并不是一个可持续的选择。

然而，我们不能把孩子和洗澡水一起倒掉。目前的蔬菜和作物集约化生产方式几乎没有任何改进。这种对植物性食品和植物油需求的增加，在世界许多地区产生了同样具有破坏性的环境影响：人们砍伐雨林以获取棕榈油，导致土壤退化，并且大量使用杀虫剂和杀菌剂。除此之外，转基因大豆的种植也引起了很大的关注。在英国，撤除树篱以扩大单一作物种植面积的举措长期以来一直是产生环境问题的一个原因，集约化的耕地农业减少了传粉者的数量，从而进一步导致野生植物种类的急剧减少。

对于牧羊业来说，这是一个颇具挑战性的时期，尤其是当下，我们必须在纷繁的发展方式中挑选出适合自己的方式。解决方案将高度本地化和细微化。可持续食品信托和联合国政府间气候变化专门委员会等组织认为，如果管理得当，绵羊可以成为解决方案的一部分。例如，如果我们回归混合耕作系统，种植大量的牧场植物以及牛羊吃的固氮能力较强的豆科植物，土壤退化就可以逆转。牧场——特别是如果播种的是长根系的草种，也能获得并锁住元素碳。在某些情况下，放牧实际上可以改善生物多样性。在英国，纷繁的多样景观——石楠地、沿海沼泽、森林牧场和草原都依赖定量放牧去维持当地植物和野生动物的多样性。对于一些类似高地的地区，牲畜放牧通常是唯一经济上可行且有效的土地利用方式，因为农作物在那里根本不会生长。

还有文化的传承方面。几千年来，人类一直与羊生活在一起，照顾羊，并围绕着羊改造自己的环境。例如，英国当下重视的许多农村传统技能都来自牧羊和羊毛生产。从干石墙到农业展览，从牧羊犬测试到纺布和编织，我们珍惜并依然喜爱的文化遗产和景观，很大程度上都来自几个世纪以来的牧羊文化。就像古代工艺品或建筑一样，传统农业让我们与过去保持联系，帮助我们了解自己。我们必须非常谨慎地看待这些事物，不要让农业在技术上变得过于高效和机械化，以至于让我们忘记了我们正在与其他动物和植物打交道。无论是参观乡村展览，阅读乡村杂志，还是看电视上关于自然的节目，看到这么多人重新融入乡村生活，都让人内心振奋。无论如何，我们必须学会以正确的方式将我们对农村生活的深厚感情、我们作为消费者做出的选择和国家层面所支持的农业政策结合在一起。我们的环境，我们的野生动物，我们的城镇和村庄，我们的历史，我们的语言和我们的身份感，在很大程度上都来自我们在地球上几千年来与母羊、羊羔和公羊的共存生活。

我们改变了绵羊，绵羊也改变了我们。

注 释

1 如何让羊站着不动

1. Abell, J. T. el al., 'Urine salts elucidate Early Neolithic animal management at Aşıklı Höyük, Turkey,' in *Science Advances*, Vol. 5, No. 4 (2019).
2. University of Cambridge, 'Was the fox prehistoric man's best friend?' (31 Jan. 2011). See www.cam.ac.uk/research/news/was-the-fox-prehistoric-mans-best-friend
3. Tomalin, Claire, *The Life and Death of Mary Wollstonecraft*, Penguin (2012).
4. Sample, Ian, 'Why is a woman breastfeeding a tiger?', *The Guardian* (7 Apr. 2005).
5. Diamond, Jared, *Guns, Germs, and Steel: The Fates of Human Societies*, W.W. Norton & Company (1997).
6. Cornell University, 'Silver fox study reveals genetic clues to social behavior', ScienceDaily (27 Sept. 2018). See www.sciencedaily.com/releases/2018/09/180927105659.htm
7. 'Hints of 7,200-Year-Old Cheese Create a Scientific Stink', *National Geographic* (6 Sept. 2018). See www.nationalgeographic.co.uk/history-and-civilisation/2018/09/hints-7200-year-old-cheese-create-scientific-stink
8. Becker, Cornelia, et al., 'The Textile Revolution. Research into the Origin and Spread of Wool Production between the Near East and Central Europe', in *Journal for Ancient Studies*, Special Volume (2016), edited by Gerd Graßhoff and Michael Meyer.

9   Gleba, Margarita, 'Sheep to Textiles: Approaches to Investigating Ancient Wool Trade' (2014). See www.repository.cam.ac.uk/handle/1810/254046
10   Ryder, M. L., *Sheep and Man*, Gerald Duckworth and Co. Ltd (1983), p. 96.

2 羊毛鳞片的秘密

1   'Ice Mummies: Siberian Ice Maiden' PBS Airdate: 24 Nov. 1998 A BBC/Horizon NOVA/WGBH Co-production © 1997 BBC © 1998 WGBH Educational Foundation.
2   Laufer, Berthold, 'The Early History of Felt', in *American Anthropologist*, Vol. 32, No. 1 (Jan.–Mar. 1930).
3   Robertson, William, *A Dictionary of Latin Phrases: Comprehending a Methodical Digest of the Various Phrases*, printed by A. J. Valpy for Baldwin, Cradock and Joy (1824).
4   Blakolmer, Fritz, 'A "Special Procession" in Minoan Seal Images: Observations on Ritual Dress in Minoan Crete' in: P. Pavúk et al. (eds), EUDAIMON. Studies in Honour of Prof. Jan Bouzek, Conference, Prague (Prag-Brno 2018), 29–50.
5   Laufer, Berthold, 'The Early History of Felt', in *American Anthropologist*, Vol. 32, No. 1 (Jan.–Mar. 1930).
6   Zerjal, Tatiana *et al.*, 'The Genetic Legacy of the Mongols', in *The American Journal of Genetics*, Vol. 72, No. 3 (2003).

3 为什么有些绵羊的毛要被剪掉

1   Barber, E. J. W., *Prehistoric Textiles: The Development of Cloth in the Neolithic and Bronze Ages, with Special Reference to the Aegean*, Princeton University Press (1992).
2   Barket, Theresa M., and Bell, Colleen, 'Tabular Scrapers: Function Revisited' in *Near Eastern Archaeology*, Vol. 74, No. 1 (2011).
3   Ryder, M. L., 'The Interaction Between Biological and Technological Change During the Development of Different Fleece Types in Sheep', in *Anthropozoologica*, Vol. 16 (1992).
4   Milleker, Elizabeth J., *The Year One: Art of the Ancient World East and West*, The Metropolitan Museum of Art (2000).

5　Okrostsvaridze. A. et al. 'A modern field investigation of the mythical "gold sands" of the ancient Colchis Kingdom and "Golden Fleece" phenomena', in *Quaternary International*, Vol. 409, Part A (2016).
6　Varro, M. T., from 'The Husbandry of Livestock', in *De Re Rustica* II, *Delphi Complete Works of Varro* (Illustrated), Delphi Classics (2017).
7　Kissell, Mary Lois, 'Ancient Greek Yarn-Making' in *The Metropolitan Museum of Art Bulletin*, Vol. 13 (1918).
8　Quick, Graeme R., *Remarkable Australian Farm Machines: Ingenuity on the Land*, Rosenberg (2007), p. 145.
9　Ibid., p. 145.

4　坚韧如旧靴

1　Strabo, *The Geography of Strabo*, Book IV, Chapter 4, published in Vol. II of the Loeb Classical Library edition (1923).
2　Kropff, Antony, *New English translation of the Price Edict of Diocletianus* (2016). See www.academia.edu/23644199/New_English_translation_of_the_Price_Edict_of_Diocletianus
3　Green, Miranda, *Animals in Celtic Life and Myth*, Routledge (1998), p. 31.
4　Strabo, *The Geography of Strabo*, Book IV, Chapter 4, published in Vol. II of the Loeb Classical Library edition (1923).
5　Cornell University, 'Lactose Intolerance Linked to Ancestral Environment.' ScienceDaily (2 Jun. 2005). See www.sciencedaily.com/releases/2005/06/050602012109.htm
6　Columella, *De Re Rustica* VII. 2.1, and Varro, *Res Rusticae* 2.11.1-3.
7　Balthazar, C. F. et al., 'Sheep's milk: Physicochemical Characteristics and Relevance for Functional Food Development', in *Comprehensive Reviews in Food Science and Food Safety*, Vol. 16, No. 2 (2017).
8　Pliny the Elder, *The Natural History*, Chap. 97, 'Various Kinds of Cheese', translated by John Bostock, M.D., F.R.S., H.T. Riley, Esq., B.A. London. Taylor and Francis, Red Lion Court, Fleet Street (1855).

9 Homer, *The Odyssey*, translated by Samuel Butler, Longmans (1898).
10 Green, Miranda, *Animals in Celtic Life and Myth*, Routledge (1998), p. 124.
11 Merrifield, Ralph, *The Archaeology of Ritual and Magic*, Batsford (1987), p. 51.
12 Keys, David, 'The boneyard of the bizarre that rewrites our Celtic past to include hybrid-animal monster myths', *Independent* (11 Jul. 2015). See www.independent.co.uk/news/science/archaeology/news/the-boneyard-of-the-bizarre-that-rewrites-our-celtic-past-to-include-hybrid-animal-monster-myths-10381965.html
13 Gosset, A. L. J., *Shepherds of Britain: Scenes from Shepherd Life Past and Present*, Read Country Books Ltd (2017).
14 Tacitus, Cornelius, 'Germania' XII in *Agricola and Germania*, edited by James Rives and translated by Harold Mattingly, Penguin Classics (2010).
15 Vanden Berghe, I. *et al.*, 'Towards the identification of dyestuffs in Early Iron Age Scandinavian peat bog textiles', in *Journal of Archaeological Science*, Vol. 36 (2009).

5 押韵和荒谬的治疗

1 Opie, Iona and Opie, Peter, *The Oxford Dictionary of Nursery Rhymes*, Oxford University Press (1997).
2 Burg, David F., *A World History of Tax Rebellions*, Routledge (2003), p. 95.
3 Cold Spring Harbor Laboratory, 'Scientists Identify Genetic Basis for the Black Sheep of the Family', ScienceDaily (11 Jul. 2008). See www.sciencedaily.com/releases/2008/07/080710174236.htm
4 Opie, Iona and Tatem, Moira, *Oxford Dictionary of Superstitions*, Oxford University Press (2009), p. 347.
5 Ibid., p. 348.
6 Ibid., p. 29.
7 Steele, John M., 'Astronomy and culture in Late Babylonian Uruk', in *Proceedings of the International Astronomical Union*, Vol. 7, No. S278 ('Oxford IX' International Symposium on Archaeoastronomy) (2011).

8　Camden, W., *Remains Concerning Britain*, reprinted by John Russell Smith (1870), p. 317.
9　Hoskins, W. G., *Provincial England: Essays in Social and Economic History*, Macmillan (1963), p. 4.
10　Ordnance Survey, 'Guide to Scots Origins of Place Names in Britain', http://media.scotslanguage.com/library/document/scots_guide.pdf
11　Redmond, Gabriel O'C. 'Origin of the Saying "By Hook or by Crook"', *The Journal of the Royal Historical and Archaeological Association of Ireland*, Fourth Series (1887).
12　Ray, J., *A Collection Of English Proverbs Digested Into A Convenient Method For The Speedy Finding Any One Upon Occasion; With Short Annotations*. Cambridge, Printed By John Hayes, Printer To The University, For W. Morden (1678).
13　Plutarch, *Septem Sapientium Convivium* Vol. II, Loeb Classical Library edition (1928).

6　波比先生和波比太太

1　Ganesh, Gayatri and Ghotge, Nitya, 'Hidden and unaccounted for: understanding maternal health needs and practices of semi-nomadic shepherd women in Maharashtra, India', in *MIDIRS Midwifery Digest*, Vol. 27, No. 4 (2017).
2　Walton, C. L., 'Transhumance and its Survival in Great Britain', in *The Geographical Teacher*, Vol. 10, No. 3 (Autumn 1919).
3　Bowie, G. G. S., 'New Sheep for Old-Changes in Sheep Farming in Hampshire, 1792–1879', in *The Agricultural History Review*, Vol. 35, No. 1 (1987).
4　Gaskell, Elizabeth, *North and South*, (1855), reprinted by Wordsworth Classics (1993), p. 54.
5　Youatt, W., *Sheep; their breeds, management and diseases. To which is added, the mountain shepherd's manual*, Baldwin and Craddock (1837), p. 430.
6　Quoted in Buchanan Given, James, *Society and Homicide in Thirteenth-Century England*, Stanford University Press (1977).
7　Quoted in Power, Eileen, *The Wool Trade in English Medieval History*, Oxford University Press (1941), p. 27.

8 Jeffrey, David Lyle, *A Dictionary of Biblical Tradition in English Literature*, Wm. B. Eerdmans Publishing, (1992), p. 710.
9 *Encyclopaedia Judaica*, The Gale Group (2008).
10 Varro, M. T., *De Re Rustica* II, *Delphi Complete Works of Varro* (Illustrated), Delphi Classics (2017).
11 Longstaffe, Moya, *Joan of Arc and 'The Great Pity of the Land of France'*, Amberley Publishing (2019).
12 T., 'Critical Comments on the Bo-Peepeid: An Epic-Pastoral Poem in Three Parts', in *Monthly Literary Recreations*, Vol. 1, No. 2 (Aug. 1806).
13 Salzman, Louis Francis, *English Industries of the Middle Ages*, Library of Alexandria (2017), p. 188.
14 Opie, Iona and Opie, Peter, *The Oxford Dictionary of Nursery Rhymes*, Oxford University Press (1997), p. 108.

7 狗和赶牲人

1 Horard-Herbin, Marie-Pierre, Tresset, Anne, and Vigne, Jean-Denis, 'Domestication and uses of the dog in western Europe from the Paleolithic to the Iron Age', in *Animal Frontiers*, Vol. 4, No. 3 (July 2014).
2 McKeon, Richard (ed.), with an introduction by C. D. C. Reeve, *The Basic Works of Aristotle*, Random House (2009).
3 Caius, John, *Of Englishe dogges* (1576).
4 Stilo, Aelius, *Dogs in Ancient Greece and Rome*, https://penelope.uchicago.edu/~grout/encyclopaedia_romana/miscellanea/canes/canes.html
5 Ryder, M. L., *Sheep and Man*, Gerald Duckworth and Co. Ltd (1983).
6 Parker, Heidi G., Dreger, Dayna L., Rimbault, Maud, Davis, Brian W., Mullen, Alexandra B., Carpintero-Ramirez, Gretchen, and Ostrander, Elaine A., 'Genomic Analyses Reveal the Influence of Geographic Origin, Migration, and Hybridization on Modern Dog Breed Development,' in *Cell Reports*, Vol. 19, No. 4 (2017).
7 Carroll, C. W., and Wilson, L. H., *Medieval Shepherd: Jean de Brie's Le Bon Berger 1379*, Arizona Center for Medieval & Renaissance Studies at Arizona State University (2012).
8 Ellis, William, *A Compleat System of Experienced Improvements,*

Made on Sheep, Grass-lambs, and House-lambs: Or, the Country-gentleman's, the Grazier's, the Sheep-dealer's, and the Shepherd's Sure Guide (1749).

9   Harrison, William, 'Description Of Elizabethan England', from *Holinshed's Chronicles* (1577).
10 Godwin, Fay, and Toulson, Shirley, *The Drovers' Roads of Wales*, Wildwood House Ltd (1977).
11 Russell Mitford, Mary, *Our Village*, reprinted by CreateSpace Independent Publishing Platform (2017), p. 95.
12 Skeel, Caroline, 'The Cattle Trade between Wales and England from the Fifteenth to the Nineteenth Centuries', in *Transactions of the Royal Historical Society*, Vol. 9 (1926).
13 Godwin, Fay, and Toulson, Shirley, *The Drovers' Roads of Wales*, Wildwood House Ltd (1977).
14 'Farm Ranch and Garden Department' in *The Seattle Daily Times* (21 May 1921), quoted in https://wordhistories.net/2019/08/30/judas-sheep-judas-goat/
15 Stenton, F. M., 'The Road System of Medieval England', in *The Economic History Review*, Vol. 7, No. 1 (Nov. 1936).
16 Pearlman, Jonathan, 'Australia's last cowboys: "We're not fighting to keep an old profession alive – we're fighting for our livelihood"', *The Telegraph* (26 Mar. 2017).
17 City of London, 'History of Smithfield Market' (2012), www.cityoflondon.gov.uk/business/wholesale-food-markets/smithfield/Pages/History-of-Smithfield-Market.aspx
18 Wynter, Dr Andrew, 'The London Commissariat', in *Quarterly Review*, No. cxc, Vol. xcv (1854).

8 擦洗与纺纱

1   Osbaldeston, Tess Anne (transl.), *The Herbal of Dioscorides the Greek*, Ibidis Press (2000).
2   Sweet, Victoria, 'Hildegard of Bingen and the Greening of Medieval Medicine', in *Bulletin of the History of Medicine*, Vol. 73, No. 3 (Fall 1999).
3   Kissell, Mary Lois, 'Ancient Greek Yarn-Making', in *The Metropolitan Museum of Art Bulletin*, Vol. 13 (1918).
4   Ovid, 'The Transformation of Arachne into a Spider', *Metamor-*

phoses, Book VI, illustrated edition by Johann Wilhelm Bauer, translated into English under the direction of Sir Samuel Garth (1713).
5   Pantelia, Maria C., 'Spinning and Weaving: Ideas of Domestic Order in Homer', in *The American Journal of Philology*, Vol. 114, No. 4 (1993).
6   Curteis, Iris, *The 'Idle Girls' in Habitrot and Three Spinners*. See www.storyvisionsource.com/the-idle-girls-in-habitrot-and-three-spinners/
7   Kirk, Robert, *The Secret Commonwealth* (1691).
8   Price, Neil S., *The Viking Way: Religion and War in Late Iron Age Scandinavia*, Department of Archaeology and Ancient History, Uppsala University (2002).
9   Smith, Hayeur et al., 'Dorset, Norse, or Thule? Technological transfers, marine mammal contamination, and AMS dating of spun yarn and textiles from the Eastern Canadian Arctic', in *Journal of Archaeological Science*, Vol. 96 (August 2018).
10 Priest-Dorman, Carolyn, *Medieval North European Spindles and Whorls*, Vassar University (2000); www.cs.vassar.edu/~capriest/spindles.html
11 Eamer, Claire, 'No Wool, No Vikings: The fleece that launched 1,000 ships', *Hakai Magazine*: www.hakaimagazine.com/features/no-wool-no-vikings/
12 Ibid.
13 Postan, M. M. (ed) and Miller, E. (ed) *The Cambridge Economic History of Europe: Trade and Industry in the Middle Ages, Volume 2*, Cambridge University Press (1989), p. 625.

9 针织的胜利

1   Norbury, James, 'The Knitter's Craft', in *Journal of the Royal Society of Arts*, Vol. 99, No. 4839 (26 Jan. 1951).
2   Victoria and Albert Museum, 'Regional Knitting in the British Isles & Ireland', www.vam.ac.uk/content/articles/r/regional-knitting-in-the-british-isles-and-ireland/
3   *Jackson's Oxford Journal*, Saturday, January 10th, 1852, p. 2.
4   Victoria and Albert Museum, 'The history of hand-knitting', www.vam.ac.uk/articles/the-history-of-hand-knitting

5 Letter written to the Editor by T.H., *The British Friend*, Volume 5, 1847, p. 162.
6 Altick, Richard D., *The English Common Reader: A Social History of the Mass Reading Public, 1800–1900*, University of Chicago Press (1957).
7 Mitchell, Hannah, *The Hard Way Up*, Endeavour Media (2015).
8 Ouellette, Susan M., 'All hands are enjoined to spin: textile production in seventeenth-century Massachusetts' (1996). Doctoral Dissertations 1996–February 2014. https://scholarworks.umass.edu/dissertations_1/1224
9 Smith, Adam, *An Inquiry Into the Nature and Causes of the Wealth of Nations, Volume 2*, Oliphant, Waugh & Innes (1814), p. 513.
10 'Wool and Manufactures of Wool: Special Report Relating to the Imports and Exports of Wool and Its Manufactures in the United States and the Principal Foreign Countries; United States' Department of the Treasury. Bureau of Statistics U.S. Government Printing Office (1887).
11 Stevenson, Chris, 'How Sheep Helped Start a Revolution' (11 Apr. 2016). See https://chrisstevensonauthor.com/2016/04/11/how-sheep-helped-start-a-revolution/
12 Ouellette, S. M., *Textile production in seventeenth-century Massachusetts*, University of Massachusetts (1996).
13 ifarm, 'A Stitch in Time: The Women Who Knit Together the American Revolution', https://ifarmboxford.com/stitch-time-women-knit-american-revolution/
14 Rutter, Esther, *This Golden Fleece: A Journey Through Britain's Knitted History*, Granta (2019).
15 As quoted in Field, Michael, 'Pippa's astonishing story recognised', *Stuff* (25 Nov. 2014). See www.stuff.co.nz/national/63516307/pippas-astonishing-story-recognised
16 Archival Moments, 'More than a pair of socks', http://archivalmoments.ca/2014/07/04/more-than-a-pair-of-socks/
17 Letter received by Audrey J. Reid, as published in the Digital Kingston online article 'Knitting for Soldiers', www.digitalkingston.ca/wwi-in-kingston-frontenac/knitting-for-soldiers
18 Macdonald, Anne L., *No Idle Hands: The Social History of American Knitting*, Ballantine Books (1988).

19 Burgess, Anika, *The Wool Brigades of World War I: When Knitting was a Patriotic Duty*, Atlas Obscura (2017): www.atlasobscura.com/articles/when-knitting-was-a-patriotic-duty-wwi-homefront-wool-brigades
20 Strawn, Susan M., *Knitting America: A Glorious Heritage from Warm Socks to High Art*, Voyageur Press (2011) p. 141.
21 'Knit Your Bit: The National WWII Museum provides warm gifts to Veterans', National Museum World War II Museum New Orleans, www.nationalww2museum.org/media/press-releases/knit-your-bit-national-wwii-museum-provides-warm-gifts-veterans
22 'Home Knitting Defended', *The New York Times* (22 Jan. 1942).

10 "绵羊支付了一切"

1 Fryde, E. B., 'The Last Trials of Sir William de la Pole', in *The Economic History Review New Series*, Vol. 15, No. 1 (1962).
2 Ryder, M. L., 'The History of Sheep Breeds in Britain', in *The Agricultural History Review*, Vol. 12, No. 1 (1964).
3 Grant of King Wihtred of Kent (d. 725) to St Mary's Church, Lyminge, British Library, www.bl.uk/manuscripts/FullDisplay.aspx?ref=Cotton_MS_Augustus_II_88
4 St Clair, Kassia, *The Golden Thread: How Fabric Changed History*, Hachette (2018).
5 Power, Eileen, *The Wool Trade in English Medieval History*, Oxford University Press (1941).
6 Rose, Susan, *The Wealth of England: The Medieval Wool Trade and Its Political Importance 1100–1600*, Oxbow Books (2017).
7 Based on population estimates by Urlanis, B. Ts., *Rost naseleniia v Evrope: opyt ischisleniia [Population growth in Europe]*, Moskva: OGIZ-Gospolitizdat (1941).
8 Bell, Adrian R. *et al.*, 'Advance Contracts for the Sale of Wool in Medieval England: An Undeveloped and Inefficient Market?', ISMA Centre Discussion Papers in Finance DP2005-01 (February 2005). See https://pdfs.semanticscholar.org/d1fc/274185483a02edd7aac55ff72dd703129def.pdf
9 Walter Daniel, *Vita Ailredi Abbatis Rievall*. Ed. and transl. Maurice Powicke, Oxford: Clarendon Press (1950).

10　Bell, Adrian R. *et al.*, 'Interest Rates and Efficiency in Medieval Wool Forward Contracts', *University of Reading Journal of Banking and Finance*, 31.2 (2007).

11　Jamroziak, E. M., 'Rievaulx abbey as a wool producer in the late thirteenth century: Cistercians, sheep and big debts', in *Northern History*, Vol. 40, No. 2 (2003).

12　Power, Eileen, *The Wool Trade in English Medieval History*, Oxford University Press (1941), p. 15.

13　Ibid. p. 16.

14　Postan, M. M., *Medieval Trade and Finance*, Cambridge University Press (1973), p. 342.

15　Owens, Margaret E., *Stages of Dismemberment: The Fragmented Body in Late Medieval and Early Modern Drama*, University of Delaware Press (2005), p. 178.

16　Clark, G. N., 'Trading with the Enemy and the Corunna Packets, 1689-97', in *The English Historical Review*, Vol. XXXVI, No. CXLIV (October 1921).

17　Smith, Graham, *Something to Declare: 1000 Years of Customs and Excise*, Chambers Harrap Publishers (1980).

18　Warrant Books: May 1715, 11-20 from Calendar of Treasury Books, Volume 29, 1714-1715. Originally published by Her Majesty's Stationery Office, London (1957), www.british-history.ac.uk/cal-treasury-books/vol29/pp517-52

19　Rose, Susan, *The Wealth of England: The Medieval Wool Trade and Its Political Importance 1100-1600*, Chapter 4, Oxbow Books (2017).

20　Ibid.

21　Davidson Cragoe, C, Jurica, A. R. J., and Williamson, E. A., *History of the County of Gloucester: Volume 9, Bradley Hundred. The Northleach Area of the Cotswolds*, Victoria County History, London, (2001).

22　England's Immigrants 1330-1550: Resident Aliens in the Late Middle Ages: www.englandsimmigrants.com, University of York, The National Archives and the Humanities Research Institute, University of Sheffield.

23　Delany, Sheila, *Impolitic Bodies: Poetry, Saints, and Society in Fifteenth-century England*, Oxford University Press (1998).

24　Brown, Cornelius, *History of Newark-on-Trent; being the life story of an ancient town Volume I*, S. Whiles (1904), p. 186.

11 羊吃人

1　Manship, Henry, *The History of Great Yarmouth*, Volume 1, Palmer, C.J. (ed.), Great Yarmouth: Louis Alfred Meall (1854).
2　Reilly, S. A., *Our Legal Heritage*, Echo Library (2007), p. 145.
3　Letter to William Spring, September 1643, as quoted in Ratcliffe, S. (Ed.), *Oxford Essential Quotations* (5th ed.), Oxford University Press (2017).
4　Stone, David, 'The Productivity and Management of Sheep in Late Medieval England', in *The Agricultural History Review*, Vol. 51, No. 1 (2003).
5　The National Archives, 'Landscape', www.nationalarchives.gov.uk/domesday/world-of-domesday/landscape.htm
6　Nicholls, Sir George, *A History of the English Poor Law, Volume 1*, Routledge (2016), p. 116.
7　Judges, A. V. (ed.), *The Elizabethan Underworld - A Collection of Tudor and Early Stuart Tracts and Ballads* (1930), p. xxxiv.
8　Green, Dr Matthew, 'A Grim And Gruesome History of Public Shaming in London: Part 2', Londonist, https://londonist.com/2015/12/a-history-of-public-shaming-in-london-part-2
9　More, Thomas, *Utopia*, Dover Publications Inc. (1998).
10　Shakespeare Documented, 'Thomas Greene's notes on the progress of the proposed enclosures at Welcombe include five references to William Shakespeare's involvement', https://shakespearedocumented.folger.edu/exhibition/document/thomas-greene-s-notes-progress-proposed-enclosures-welcombe-include-five
11　Given-Wilson, Christopher, *An Illustrated History of Late Medieval England*, Manchester University Press (1996), p. 46.
12　Prebble, John, *The Highland Clearances*, Penguin (1982), p. 79.
13　Ibid., p. 82.
14　Ascherson, Neal, *Stone Voices: The Search For Scotland*, Granta (2014).
15　Purves, Libby, *One Summer's Grace*, Chapter 20, Hachette UK (2010).
16　Quoted in Stewart, Jr., James A., 'The Jaws of Sheep: The 1851 Hebridean Clearances of Gordon of Cluny', in *Proceedings of the Harvard Celtic Colloquium*, Vol. 18/19 (1998/1999).

17 Hunter, James, 'Sheep and deer: Highland sheep farming, 1850-1900', in *Northern Scotland* Volume 1 (First Series), Issue 1, 1972-73, Edinburgh University Press, pp. 199-222.
18 G. Malcolm, 'Deer Forests: Past, Present, and Future', *Nineteenth Century Magazine*, 21 (1887), 691.
19 Hunter, James, 'Sheep and deer: Highland sheep farming, 1850-1900', in *Northern Scotland* Volume 1 (First Series), Issue 1, 1972-73, Edinburgh University Press, pp. 199-222.

12 编织毛衣还是编织谎言

1 Heaney, Seamus, 'The Evening Land', as published in *The Aran Islands: At the Edge of the World*, by the Curriculum Development Unit, The O'Brien Press Ltd (2017).
2 Carden, Siún, 'Cable Crossings: The Aran Jumper as Myth and Merchandise', in *Costume*, Vol. 48, No. 2, (2014).
3 Santry, Claire, *Aran Sweaters: Truth or Fiction*?: www.irish-genealogy-toolkit.com/aran-sweaters.html
4 Helgadottir, Gudrun, 'Nation in a sheep's coat: The Icelandic sweater', in *FormAkademisk - forskningstidsskrift for design og designdidaktikk*, Vol. 4, No. 2 (2011).
5 Donlan, Kathleen, 'The Lopapeysa: A Vehicle to Explore the Performance of Icelandic National Identity' (2016). Honors Thesis Collection. 335. https://repository.wellesley.edu/thesiscollection/335
6 Diodorus Siculus, *Library of History*, Book V, published in Vol. III of the Loeb Classical Library edition (1939).
7 'Tartan and the Dress Act of 1746', Scottish Tartans Authority: www.tartansauthority.com/resources/archives/the-archives/scobie/tartan-and-the-dress-act-of-1746/
8 Scott, Walter, 'Hints Adressed to the Inhabitants of Edinburgh, and others, in Prospect of His Majesty's visit. By an Old Citizen', Printed pamphlet, Edinburgh: William Blackwood, Waugh and Innes, and John Robertson (1822).
9 Grant, Elizabeth, *Memoirs of a Highland Lady, the autobiography of Elizabeth Grant of Rothiemurchus afterwards Mrs Smith of Baltiboys 1797-1830*, edited by Lady Strachey, John Murray (1911), p. 369.

10 Scott, letter of 19 Nov. 1829 to Sir Thomas Dick Lauder, quoted in William Stewart, D., *Old and Rare Scottish Tartans*, George P. Johnston (1893).
11 Quoted in Hobsbawm, Eric, and Ranger, Terence, *The Invention of Tradition*, Cambridge University Press (1992), p. 40.

13 作坊和繁荣

1 Schuman, Michael, 'History of child labor in the United States – part 1: little children working', in *Monthly Labor Review*, U.S. Bureau of Labor Statistics (January 2017).
2 Gregory, Derek, *Regional Transformation and Industrial Revolution*, Palgrave (1982).
3 Defoe, Daniel, *A Plan of the English Commerce [...] The third edition* (1749).
4 Quoted in Black, Sandy, *Knitting: Fashion, Industry, Craft* (2012), p. 19.
5 Quoted in Peyton, Jane, *Brilliant Britain: A Celebration of its Unique Traditions and Customs*, Summersdale Publishers (2012), p. 78.
6 Defoe, Daniel, *A Tour Thro' the Whole Island of Great Britain, Volume 3* (1727).
7 Stuart, John, 'The Halifax Piece Hall', in *The Yorkshire Journal*, Vol. 1 (2018).
8 Defoe, Daniel, *op. cit.* (1727).
9 Plumridge, Andrew, *The Halifax Gibbet*, Guillotine Headquarters https://guillotine.dk/pages/gibbet.html (2019).
10 Ashton, T. S., *The Industrial Revolution 1760-1830*, Oxford University Press (1968).
11 Jordan, Don, *White Cargo: The Forgotten History of White Slaves in America*, New York University Press (2008).
12 Williams, Eric, *Capitalism and Slavery*, University of North Carolina Press (1994), p. 11.
13 Hammond, J. L., & Barbara Hammond, B., *The Rise of Modern Industry*, Routledge, (2013), p. 197.
14 Humphries, Jane, 'Childhood and child labour in the British industrial revolution', in *The Economic History Review*, Vol. 66, No. 2 (2012).

15 Birley, J., interviewed by James Rayner Stephens in *The Ashton Chronicle*, 19 May 1849: http://adamsedu.weebly.com/uploads/2/8/4/1/28419347/document_c.pdf
16 Ibid.
17 *The Children Who Built Victorian Britain*, BBC Four (Wed. 10 August 2011).
18 Interview by Michael Sadler, House of Commons Committee on 21 May, 1832, quoted in Wing, Charles, *Evils of the Factory System: Demonstrated by Parliamentary Evidence*, Malbech:Psychology Press, (1967), p. 8.
19 Ibid.
20 Griffin, Emma, *Liberty's Dawn: A People's History of the Industrial Revolution, Chapter 3*, Yale University Press (2013).
21 Ibid.
22 Cooke Taylor, W., *Factories and the Factory System*, J. How (1844), pp. 23-4.
23 Ure, Andrew, *The Philosophy of Manufactures*, C. Knight (1835), p. 301.
24 Sallee, Shelley, *The Whiteness of Child Labor Reform*, University of Georgia Press (2004), p. 97.
25 McNabb, David E., *A Comparative History of Commerce and Industry*, Volume I, Palgrave (2015).
26 Briggs, Asa, *Victorian Cities*, University of California Press (1993), p. 144.
27 Keighley, Mark, *Wool City*, G. Whitaker & Company (2007).

14 向上，向上，然后离开

1 Collier, Aine, *The Humble Little Condom: A History*, Prometheus Books (2007).
2 Diamond, Jared, *Guns, Germs, and Steel: The Fates of Human Societies*, W. W. Norton & Company (1997).
3 Khan, Fahd *et al.*, 'The Story of the Condom', in *Indian Journal of Urology*, Vol. 29, No. 1 (2013).
4 Lynn, Michael R., *The Sublime Invention: Ballooning in Europe, 1783-1820*, Routledge (2015).
5 Ibid.
6 Lee, Tim, 'How a Cold War scientist escaped a gulag to pioneer

reproductive technology using sheep semen', *ABC News* (15 Mar. 2019). See www.abc.net.au/news/2019-03-16/cold-war-scientist-50-year-old-sheep-semen/10893706

7 Kendrick, K. M., *et al.*, 'Sheep don't forget a face', in *Nature*, Vol. 414 (2001).

8 Lee, Caroline, *et al.*, 'Development of a maze test and its application to assess spatial learning and memory in Merino sheep', in *Applied Animal Behaviour Science*, Vol. 96, No. 1 (2006).

9 Pellegrino, Nicky, 'Raising the baa', *New Zealand Listener* (22 Oct. 2015). See www.noted.co.nz/health/health-health/raising-the-baa

10 Roselli, C. E., *et al.*, 'The Volume of a Sexually Dimorphic Nucleus in the Ovine Medial Preoptic Area/Anterior Hypothalamus Varies with Sexual Partner Preference', in *Endocrinology*, Vol. 145, No. 2 (2004).

图书在版编目（CIP）数据

你一定爱读的羊的世界简史：羊怎样塑造人类的文明和历史 /（英）莎莉·库尔撒德著；吴奕俊译. —成都：天地出版社，2022.10
ISBN 978-7-5455-7126-4

Ⅰ.①你… Ⅱ.①莎…②吴… Ⅲ.①世界史—通俗读物 Ⅳ.①K109

中国版本图书馆CIP数据核字（2022）第092066号

A SHORT HISTORY OF THE WORLD ACCORDING TO SHEEP
Copyright © Sally Coulthard, 2020
Published in agreement with Sally Coulthard c/o Head of Zeus through Andrew Nurnberg Associates International Limited
Simplified Chinese edition copyright © 2022 by Tiandi press
All rights reserved.

著作权登记号　图进字21-2022-213

NI YIDING AI DU DE YANG DE SHIJIE JIANSHI : YANG ZENYANG SUZAO RENLEI DE WENMING HE LISHI

你一定爱读的羊的世界简史：羊怎样塑造人类的文明和历史

出 品 人	陈小雨　杨　政
作　　者	［英］莎莉·库尔撒德
译　　者	吴奕俊
责任编辑	董曦阳　张新雨
责任校对	马志侠
装帧设计	左左工作室
责任印制	王学锋

出版发行	天地出版社 （成都市锦江区三色路238号　邮政编码：610023） （北京市方庄芳群园3区3号　邮政编码：100078）
网　　址	http://www.tiandiph.com
电子邮箱	tianditg@163.com
经　　销	新华文轩出版传媒股份有限公司

印　　刷	北京文昌阁彩色印刷有限责任公司
版　　次	2022年10月第1版
印　　次	2022年10月第1次印刷
开　　本	880mm×1230mm　1/32
印　　张	8.5
字　　数	150千字
插　　页	8P
定　　价	68.00元
书　　号	ISBN 978-7-5455-7126-4

版权所有◆违者必究

咨询电话：（028）86361282（总编室）
购书热线：（010）67693207（营销中心）

如有印装错误，请与本社联系调换